*SI Libretto* ——001

# 人は何を旅してきたか

専修大学人文科学研究所編

専修大学出版局

# はじめに

専修大学人文科学研究所は二〇〇七年に創立四〇周年を迎え、その記念行事の一環として統一テーマを「旅」とする、同研究所員による連続公開講座を実施しました。旅をテーマにした主要な理由は、東西古今の「人文主義者の多くが旅の中で思索と知識とを深めていった」という歴史の現実を私たちの考えの原点に置き、その上で「旅は人文科学研究の全方面を見渡せる視点を私たちに与えてくれる」(「創立四〇周年記念行事・趣意書」より)という思いを新たにしたことでした。しかしそうは言っても、私たちは法顕や玄奘、マルコ・ポーロ、イブン・バットゥータ、ゲーテといった、世に知られた壮大な旅行記を歴史上に残している人々だけをその対象として思い描いていたわけではありません。ごく普通の庶民が関わる旅も独自の意味があり、そうした旅の中での人(世間)や物、あるいは自然との出会いを通じて人生の転機が生じたり、またそこから新しい知の世界の扉が開かれることがあるのではなかろうかと考えました。旅の形、旅への動機はさまざまなものがありましょう。「片雲の風にさそはれて、漂泊の思ひやまず」は芭蕉のことば（『奥の細道』）ですが、思いもよらぬ物や事柄が私たちを旅の世界にいざなってくれているように思われます。

連続公開講座は二〇〇七年十一月から二〇〇八年六月までの五回（十講演）にわたり、文学、歴史学、地理学、経済学などさまざまな分野を専攻する専修大学教員が、これまでの研究の過程で出会ったさまざまな「旅」を取り上げました。各講演では、それぞれの旅が人に何を問いかけてくるのか、あるいはそれが社会的にいかなる意味を持つのかなどが語られました。ちなみにそれらの講演のタイトルと講演者（敬称略）は次の通りです。

「骨送使の旅—古代貴族の湯治と死」（矢野建一）
「出羽路の『芭蕉』—想定外の空間」（小山利彦）
「ロシア兵の墓をたずねる旅」（大谷正）＊
「遠藤周作の旅　フランス・長崎・インド」（柘植光彦）
「李白と杜甫の旅—二つの極端な旅の姿」（松原朗）

「中世的世界を求めて―薩南の喜界島からハーメルンへ」（亀井明徳）
「自然に出会う旅―人は自然から何を学んできたか」（高岡貞夫）＊
「近代日本の旅と観光―ＪＴＢを中心に」（永江雅和）＊
「世界地図を巡る地理思想の旅」（松尾容孝）
「産業観光の旅の流行―物つくりの現場が名所となる日」（青木美智男）＊

とりあえず、このうちの四講演（＊印）を中心に原稿化して出来上がったのが本書です。全体に共通する認識として、旅そのものの内容もさることながら、それが人の心や社会に働きかける意味により重点が置かれているかと思われます。本書のタイトルを『人は何を旅してきたか』としたのもそのためです。旅の仕方や旅の意義づけなどには人によってそれぞれ異なるものがあるかも知れませんが、旅の楽しみや効用が意外なところに潜んでいることを本書が少しでも示すことができれば幸いです。

二〇〇九年一月三十一日

専修大学人文科学研究所

人は何を旅してきたか

〈目次〉

# 1　インド人の跡を追う旅

内藤雅雄

## さまざまな旅、私の旅

ひとことで「旅」といっても、目的やその実行の仕方などによって実にさまざまなものが考えられよう。いつの頃から使い始められたのか分からないが、しばしば耳にする「旅は憂いもの、辛いもの」とか「可愛い子には旅をさせよ」などという諺があるのだから、楽しい旅ばかりではないということであろう。私が研究対象とするインド西部（マハーラーシュトラ州）のマラーティー語の諺には、「旅は喜び、仕事は辛い（yātrā sukhāchī, kāmen duhkhāchīn）」というのがある。古い時代から近代に至るまでインドでは（特にヒンドゥー教徒にとっては）、旅＝ヤートラーとは一般に聖地への巡礼を意味した。そうした巡礼旅行にあっては、宗教やカーストに関わる日常的な縛りから解放された自由が味わえたのであろう。よく知られているのは、中世から今日まで続くヴィシュヌ（ヴィッタル）神へのバクティ（絶対帰依）の流れを汲む同地方のワールカリー派信徒による聖地パンダルプールへのヤートラーである。これには州内各地から何日もかけて多くの人々が徒歩や車で参加するが、このヤートラーの間は不可蝕カースト を含めたカースト区分や差別は行われないという独特の伝統がある。

私には、二泊三日程度の折々の家族旅行を別にすれば、自分の好みで思い立って気儘に旅するという経験が余りない。ささやかな家族旅行も楽しいが、どういう訳かすぐ忘れてしまう。気儘な旅というので思いつくのは、四〇数年前の大学二年の春休みに一週間ほどかけて大和路の寺を訪ね歩いたことぐらいだろうか。

ちょっとした長い旅というと、私にとってはほとんどが前の勤務先である研究所に拠点を置いた研修や調査の旅、言ってみれば出張旅行である。こうした出張が果たして「旅行」の名に値するのかどうか、人によって解釈の違いがあるかも知れない。しかし自宅や勤務先から遠く離れて、普段に会ったり交際したりすることのない人々と出会い、いつもと異なる場所の非日常的な雰囲気を体験するのを「旅」の定義に加えてよければ、私にはそれが旅であった。もちろん、このような研修や調査にはあれやこれやの義務や縛りがつきもので、それが旅の興趣を削ぐのも事実である。それにもかかわらず、何度か体験した調査旅行の中には忘れ難いものもあり、中でもインド系移民を対象とした十数年間の共同調査では、私にとって意義深いさまざまな出会いを持つことが出来た。

## インド系移民の流れ

現在は「グローバル化」の時代と言われ、国籍を問わずさまざまな国でさまざまな出身地の人々に出くわすことは決して珍しいことではない。日本のような、伝統的に外国籍の人に対して相対的に閉鎖的であった国でも、今や都心の電車の中で聞き慣れない複数の言語を同時に耳にするのは日常茶飯のことである。在日外国人の中で、相対的に数は少ないがインド人も一定の職業分野で増えているようである。しかし日本におけるインド人の状況から、世界規模でのインド系移民の全体像をはかることは出来ない。現在、インドの領域外に住むインド系移民とその子孫（「非居住インド人」の意味でＮＲＩ、または「インド出身者」の意味でＰＩＯと呼ばれる）は一五〇〇～二〇〇〇万人と推計され、出身国別では世界中で中国系移民に次いで多い。

インド人が交易などで外国に出かけた歴史は古代にまで遡るであろうが、今日世界各国に住む大抵のインド系コミュニティの存在は近代の産物と言えよう。歴史的に最も大きなインド人海外移民の流れは、一八三〇年代にイギリス、フランス、オランダなどが植民地での奴隷労働を廃止した結果、解放奴隷に代わるプランテーションでの労働力として世界各地の植民地に送られた年季契約労働者のそれである。「契約」とは名ばかりの「新しい奴隷制」のもとで、農場に縛りつけられた厳しい生活に耐えた後に、彼らの多くは帰国運賃代わりに土地片を支給されて定着していった。ほとんどがイギリス領であったが、中にはオランダ領（現スリナム）やフランス領（現グアドループ海外県など）も含まれていた。各地にそうしたインド人居住地が出来ると、それを目当てとして商業や植民地行政に関わる職を求めて多数のインド人が海を渡った。よく知られた例として、モーハンダース・K・ガンディーが最初に公的活動を行った南アフリカのインド人商人・専門職・役人たちや、東アフリカで綿繰業・製糖業で財をなした商人・企業家たちのコミュニティが挙げられよう。

次の大きなインド人移民の波は、インド・パキスタン分離独立後にイギリスが旧「帝国臣民」への市民権を認めた一九四八年イギリス国籍法の制定と、戦後の復興事業のために大量の労働力が求められるという事情が重なったことで生じた。その後イギリスは移民関係法を次第に厳しくするが、それでも現在百万人を超えるインド系市

〔図１〕 R. K. ラクシュマンの漫画
アミン大統領に追放されるウガンダ・インド人。彼らが保持したイギリス旅券は紙の舟のように頼りないものだった。（「タイムズ・オブ・インディア紙」掲載、1972年８月７日付）

民が存在する（一九九一年センサス。パキスタン系、バングラデシュ系を除く）。次いで一九六〇年代初頭、英領東アフリカ諸国（現タンザニア、ウガンダ、ケニア）の独立後に起こった「アフリカ化」の動きを警戒して、多くのインド系住民がイギリス、カナダ、アメリカ合衆国などに流出した。その最も極端で劇的とも言うべき例が、一九七二年八月にウガンダのイディー・アミーン大統領の命令で強行されたインド人（東アフリカでは「アジア人（Asian）」と称された）

の追放である。これによりウガンダ市民権保持者も含む約八万人のインド人が財産・資産を没収されてウガンダを離れ、着の身着の儘イギリス、カナダなどに再移民し、一部は故国インドに戻らざるをえなかった（図1）。

一方、インド人の海外への流れはその後も絶えることなく、例えば石油ブームの湾岸地域へ労働者として、またコンピュータ技術者として合衆国など先進国へと移り住み、それぞれ独自の移民社会を形成してきた。

## インド系移民の跡を辿る旅

私のインド系移民への関心は、彼らのコミュニティの世界的広がりと移民数の多さを知ったからでもあるが、何より彼らの歴史はインド近現代史のまさに一部に他ならないと考えたことによる。初めはイギリスの植民地政策の一環として半強制的に駆り出され、次第に自己の裁量でその居住・活動範囲を広め固めつつ、独自の社会と文化を形成していった彼らの動きにはしばしば本国インドの姿が投影された。ガンディーの指導下で展開されるインドでの反英運動に一喜一憂して支援の基金に応じたり、自

〔写真１〕 トリニダード島の小学校
ポート・オブ・スペイン市郊外の、ムハンマド・アリー・ジンナー小学校。アフリカ系、インド系、中国系など様々な子供たちの顔が並ぶ。

らのアイデンティティ確保のために宗教や言語など伝統文化の維持と強化を目指す努力も続けられた。
　私が最初にインド系移民に接したのは、一九八三年十二月〜八四年三月、文部省科学研究費（科研費）による「環カリブ海地域における複合文化の比較研究」の海外調査に加わってトリニダード・トバゴに滞在したときである。インドから見れば地球の反対側にあるこの島嶼国では、契約移民労働者の子孫であるインド系住民が人口の四〇％以上を占める。調査では、島内の村々で、聴き取りにくいヒンディー語に悩まされながらお年寄りの話に耳を傾け、記録を取ることが出来た。「パキスタン建国の父」ムハンマド・アリー・ジンナーの名を冠した小学校では、中国系、インド・パキスタン系、アフリカ系などさまざまな顔つきの生徒たちから笑顔の歓迎を受けたことも忘れられない（写真1）。インドでも見ていない「ラマイン（ラーマーヤナ）」詠誦の会に出て、終わった後で大勢の参加者とともにバナナの葉に盛ったインド食を振る舞われたりするなど、カリブ海域の「もう一つのインド」を体験した。この調査を皮切りに、その後も科研費や在外研究によって、時には一人で、時には研究仲間たちと共同でインド系移民の歴史と現在を追いながら、イギリス、カナダ、アメリカ合衆国、再度のトリニダード、ガイアナ、ジャマイカ、ケニア、そして彼らの原点であるインドで調査を行った。

調査を続ける間に少しずつ対象を絞り始め、グジャラート州出身者（グジャラーティー）を追ってみることにした。グジャラートが私自身の本来の研究フィールドであるインド西部にあることのほか、グジャラーティーの移民の歴史が古いこと、彼らが東アフリカの例に見られるような政治的変動で再移民（トゥワイス・マイグラント）となり、文字通り世界中にそのコミュニティの輪を広げた、インド系移民の代表的な例と言ってもよい人々だからであった。

ここでは調査の結果などに詳しくふれる余裕はないが、一つだけ興味ある事柄を挙げれば、ゴールと称される婚姻関係による彼らのネットワークに出会ったことである。それはすべてのグジャラーティーに見られるものではなく、パーティーダールという中部グジャラートに多いカーストに顕著で、他のいくつかのカーストに類似の慣習が見られる。ゴール（円の意）とは、特定の数か村の間で子女の婚姻関係が成立する、いわば「婚姻圏」とも称すべきものである。パーンチガーム（五か村）、チャガーム（六か村）、バーヴィースガーム（二二か村）などと呼ばれる。一番大きな数字はサッターヴィースガーム（二七か村）であるが、加入村の数は必ずしも名前通りではなく、もっと多いのが一般的である。同一村のパーティーダール男女は祖先の代に血の繋がりがあるものと考えられ、村内で配偶者を求めることは出来ないのが伝統だという。この慣習は一九世紀半ばころに、持参金をめぐる経済上の弊害、それと関連した幼女殺害の増加などに対応した改革として生まれたとされるが、現在でも厳然と維持されている。家族構成員の詳細を載せたガームごとの情報誌（『家族リスト』）がそのために発行されており、調査先で筆者も何部か贈呈を受けた。因みに、ムンバイー（ボンベイ）市で調査した二七ガームの場合、『家族リスト』（一九八六―八七年版）で統計をとったところ、五二七件中の四一七件（七九％）の婚姻がゴール圏内で行われていた。ゴール関係はグジャラート内にとどまらず、世界各地のパーティーダール社会でも見られ、ガームごとの組織は婚姻のみならず、取引や職業上のネットワークの役割をも果たす。もちろん、パーティーダール全体を結ぶ連合体も各地（国）で組織されてきた。

パーティーダールはパテール・カーストとしても知られ、その成員のおそらく九〇％以上はパテールを姓としている（ごく少数がアミーン、またはデーサーイー姓を名乗る）。彼らは元来農業カーストに属するが、イギリス支配下で都市に出て行くようになり、専門職など様々な職業に進出していった。二〇世紀初頭に植民地政府が発行したボンベイ州の『ギャゼティア（地誌書）』は彼らについて次のように記述している。すなわち、「実直、穏和、勤勉、親切で自尊心に富み、婚姻やその他の大きな社会的行事を除けば倹約を重んずる。彼らは良き息子、夫、父親である。ひどい悪行はまれで、犯罪も滅多にない。彼らはまた他の農民より知的で、より高い教養を持つ」と、植民地住民に対するイギリス人の評価としてはきわめて好意的である。ヒンドゥーの上位カーストの間で厳しかった「黒い水《カーラー・パーニー》」という海外渡航に関するタブーを、彼らはほとんど持たなかったようで、一九世紀末ころから海外に出かける人も多くなった。パーティーダールたちは、「パテールのいるところ、そこがグジャラートだ」という言葉を好んで用い、どこへ行ってもグジャラーティーとしての存在を誇示しようとする。一方、しばしば出くわす「ホテル、モーテル、パテール」という言葉は、多くの国でホテルやモーテル経営に携わることの多い彼らを皮肉半分に指すもののようである。そのような何人ものパテールさんを追ってロンドン、トロント、ナイロビ、モンバサなどの街を駆けめぐったわけだが、私にとって中でも特に記憶に残るのは、海外におけるよりもむしろグジャラートでの出会いであった。

## 「ウガンダ・パーク」を求めて

一九八八年七月に調査のためパーティーダールの故地グジャラートを訪れたわれわれ四人のチームは、アムダーワード（アフマダーバード）市の調査中に「ウガンダ・パーク」という名前を耳にした。ウガンダを追放されたインド人の中の大多数がグジャラーティーであったが、グジャラートに戻った人たちの一部が州と市の補助で建設された団地（通称「ウガンダ・パーク」）に共同で住み着いたのだという。当然ながらわれわれはこの話に飛びついた。この情報を得たきっかけは、キリート・パテール氏一家との出会いであり、それも市内で偶然「ケニア時計店（Kenya Watch Co.）」という小さな店の看板を見かけ、興味をもったわれわれが図々しく店に入ったことである。四〇歳半ばのキリート氏を頭とする三兄弟は最初から実に協力的で、かつてケニアに時計店を持っていた伯父が帰国して店を開きそれを兄弟で引き継いだことから始めて、東アフリカ帰りのパテールさんたちに関する様々な情報をわれわれに提供してくれた。キリート氏は何日か後、父親の住むヴァッラブ・ヴィディヤー・ナガル村に出かけて、東アフリカ帰りのパテール諸氏にわれわれとの面談の約束を取り付けてくれた。われわれはその好意に甘えた。その間、われわれはしばしば彼らの店を訪ねるが、ある時は自宅に招かれ、夫人の手料理などで家族総出の歓迎を受けた。アムダーワード滞在の終わり頃には、出会いの思い出にと兄弟からわれわれ全員に一個ずつ商売物の新品のインド製腕時計が贈られた。当時はまだ、大学生をも含め多くのインド人にとって、腕時計が「贅沢品」だったことを考えれば、これは実に大きな贈り物である。われわれは恐縮・感謝し、せめてものことと各人が腕時計をもう一個ずつ購入した。

話が前後したが、「ウガンダ・パーク」のことを聞いてから、われわれは調査の一環としてこれを探し始めた。キリート兄弟や市内の大学の知人を頼りに多くの人から情報の収集を行ったが、なかなか行き当たらない。暫くして市内中央部のマニ・ナガル地区らしいことが分かるが、それから先は誰に聞いても知らないと言う。実は私は、ウガンダ追放が行われた一九七二年八月にはインド西部のプネー市に長期滞在中で、ほとんど毎日新聞が取り上げる追放された人びとの動向に注目し、ウガンダ・インド人問題に関わる記事の切り抜きをしていた。当時の新聞によれば、ウガンダからの帰国者の出迎えには中央政府の役人も来ていたようだから、アムダーワード市内では大きな反響を引き起こしていたと思える。しかし一六年も経った一九八八年段階では、この事件も多忙な大都市住民の記憶から消えてしまっていたのだろう。結局、再びキリート氏の尽力で目的の場所にたどり着いたのは、初めてその存在を耳にしてから二週間後、われわれがアムダーワードからデリーに発つ数日前のことであった。その調査の時の日記によれば、八月二十三日の夕方。それまで探した駅周辺からかなり街の

〔写真２〕　帰国したウガンダ・インド人の団地のボード

中心部に入ったところで、目印として聞いてきた学校裏の塀の上、木の葉越しに「ユガーンダー・パールク（Yugāndā Pārk）」というグジャラーティー語の長方形ボードを見た時には、ほっとした安堵感を覚えたことを今も思い出す（写真２）。

翌日、キリート氏にも同行を頼んで出直した。最初一九七五年に九七世帯で始まったこの団地からすでに当初の四分の一の家族は引っ越ししていたが、それでも多くの家族から話を聞くことが出来た。彼らはほとんどが州住宅融資公団からのローンを受けており、毎月二〇〇ルピーを返済するというかなり厳しい条件ではあったが、徐々に故地グジャラートの生活になれていったようであった。しかし、長い東アフリカ滞在で身についた生活感覚、労働環境、商取引き上の慣習などがリハビリテーションの上で大きな障害になったという。面談したほとんどの人がウガンダでの「古き良き日々」を懐かしがっていたのが注意をひいた。少し後のことだがこれとの関連で思い出すのは、一九九二年に日本でも封切られたインドの女性映画監督ミーラー・ナーイルの『ミシシッピー・マサラ』である。これは、合衆国南部の「人種」問題に、ウガンダから流れてきたパーティーダール一家およびその知人たちを絡ませたユニークな映画である。映画の中で、ヒロインの父親がアミーン失脚後のウガンダで出された没収財産返還条令に応じて申請書を書くことになるが、彼が家族に対して楽しかったカンパラでの日々を何度も語る場面は大変印象的であった。夕闇の迫るウガンダ・パークをあとにしながら、われわれはかつてほとんど無一物で海の向こうに新天地を求めたグジャラーティーの人々のしたたかさと、移民することの厳しさ、そして彼らの長い「旅」に思いを馳せた。

ウガンダ・パークを「発見」した夜、われわれはキリート一家を、われわれとしては最上のホテルのレストランに招いて、滞在中の好意に対する感謝を表した。この一家に限らず、全くのよそ者であるわれわれにパーティーダールの人々が示してくれた細やかな親切を、われわれは「パーティーダール・ホスピタリティ」と呼んで記憶にとどめようと話し合った。

インド系移民の跡を追う私の旅は、共に調査した人たちと二〇〇〇年に『移民から市民へ――世界のインド系コミュニティ』（東京大学出版会）を出版したことで一段落ついたことになる。しかし気持としては、これで終わったとは思えなかった。当然のことながら、海外インド人コミュニティも常に変動しているし、私自身まだ訪れていない場所も多い。ある意味でガンディーの思想と運動の原点とも言える南アフリカ（共和国）で、反アパルトヘイト闘争にも深く関わったインド人コミュニティのその後、インド系の人口がそれぞれ四三％、六四％を占めるフィージーやモーリシャスの島々の状況、そして一九八〇年代以降にウガンダに戻ったパテールさんたちのその後、など関心はつきない。

# 2

# 産業観光への誘い

## 物つくりの現場が名所になる時

青木美智男

# はじめに

かつて旅とは、日常的な暮らしでは癒されない心や体を、異郷に自ら出向いて、その自然や歴史・伝統に触れ人間的豊かさを取り戻し、時にはそれを高め思索する行為であった。それはまた世俗の喧騒から逃れ静寂に身を置く時間を持つことでもあった。そんな時人々は古くから名所・旧跡を訪ねた。そこですでにそこに訪れたことのある西行や芭蕉などの姿と自分を重ね合わせ、彼らの心境と一体化できると思ったからである。

ふだん世俗に生きる多くの人々が、こうした心境をもって旅に出る条件が生まれるのは、定住化が一般化する江戸時代に入ってからである。つまり定住することによって日常生活のエリアがほぼ確定すると、その閉塞状況の中で逆に異郷への関心が高まるからである。

しかし幕藩制国家の支配下での定住化は強制されたものである。旅の機会は制限され、信仰行為の一環としてのみ許容されたため、当然寺社参詣の旅が中心となった。

それでも日常的世界から離れる行為は、これから訪ねる未知の異郷を想像するとき、心を高揚させる。また定住社会での身分制的秩序から解放されるや、「旅の恥は掻き捨て」と別の心理状況を生みだす。

しかしそうした旅を「物見遊山《ものみゆざん》」の旅＝「観光旅行」と読み替えても、訪れる先の多くは依然名所・旧跡である。それは現在でもほとんど変わることがない。駅頭に張られている観光案内のポスターの大半が、風光明媚な名所・旧跡が圧倒的に多いことからも証明できるだろう。

ところが最近、新たな旅のあり方が注目されている。一言でいえば「産業観光」の旅の推奨である。この耳慣れない「産業観光」という言葉は、元ＪＲ東海の初代会長だった須田寛さんが提唱された新たな概念である。須田さんの定義づけによれば、

「産業観光」とは、歴史的・文化的価値のある産業文化財（古い機械器具、工場遺構などのいわゆる産業遺産）、生産現場（工場、工房等）及び産業製品を観光資源とし、それらを通じてものづくりの心に触れるとともに、人的交流を促進する観光活動をいう。

（『産業観光読本』交通新聞社、二〇〇五年）

つまり、須田さんは現代の産業そのものを観光化できると考えて、生産の現場へ人を呼び込もうと意図している。なぜなら須田さんによれば、それは、

人間は生産のない所では生活できないと考えるとき、われわれの生活にかかわるあらゆるものが、極端な場合、観光対象となる可能性をもつといえよう。「産業観光」こそまさに人間生活に根ざした、またその原点をたずねるもっとも人間的な行為であるということができる。

（同）

それは日常の暮らしに密接に結びついた場所であり、そこを訪ねることは、人間的営みの原点だからというのである。

そこには風光明媚な山・川・海はない。また由緒ある寺院・神社、古戦場などの旧跡、城跡などもない。私が最初に述べた世俗から逃避する旅とはまったく逆の発想で、

日常の暮らしそのものの原点を探るための旅ということになろう。

人間の多くは、日ごろ食べているお菓子、使っている道具、そして運転しているバイクやクルマなど、常日頃消費している物にいつしか愛着を持つようになる。そうするとそれがどんな場所で製造されたのかという関心を持つ。次いでどんな工程で造られているのかと生産過程に関心が移り、生産現場を想像し出向いてみたくなる。こんな観光客の気持ちを巧みに掴み生産工程の一部を公開して、その産物を土産物として販売する業者が全国各地に出現し、多くの観光客を集めている。またさらに自ら生産にかかわる体験ツアーも人気である。

こうした旅の新たな動機をどう見るか。高度な資本主義社会では、自らが使う道具や食べ物など消費物資が、どこでだれが生産しどう運ばれてきたのか、ほとんど分からないのが普通である。分かるのは生産企業だけである。消費者は生産者や流通業者を全面的に信頼し安全であると認識してきたからである。しかし現在その信頼が大きく揺らぎ、原産地、添加物、賞味・消費期限などなどを明記せざるを得ない状況に至っている。だから「手作り」という自給自足的な言葉が人々に安心感を抱かせる。そんなとき、物づくりの現場に足を運ぶ「産業観光」が注目をあびるのは自然であろう。

その点から「産業観光」の旅は、成熟した資本主義社会に生きる人々が希求する旅であると言える。そこにはただ「観賞」するだけでなく、「観察」し「探求」するための科学的能力が伴うからである。近世後期の洋画家であり蘭学者である司馬江漢《しばこうかん》に、いみじくも、

わが日本の人、究理を好まず、風流文雅とて文章を装り偽り信実を述べず、婦女の情に似たり（以下略）

（『春波楼筆記《しゅんばろうひっき》』日本随筆大成第一期2、吉川弘文館、一九七五年）

と指摘された通り、物事の道理をきわめる「観察」という行為は日本人にとって、きわめて近代的な営為だったのである。

では「産業観光」の旅はどのようにして始まったのだろうか。考えられるのは近代社会への移行期であろう。こうした観点から日本人の旅を歴史的に振りり、「産業観光」的関心からの旅がいつごろから始まったのかみることにしよう。

## 風雅な芭蕉の旅

前時代に生きた日本人の旅がどのようなものであったのかを知るには、紀行文や日記、そして旅行案内などをひもとくことによるのが第一であろう。その日本人の旅の記録として、文学的に分類すれば紀行文芸に入る作品で有名なのは、平安時代に遡れば、紀貫之の『土佐日記』や、菅原孝標女《たかすえのむすめ》の『更科日記』があり、鎌倉時代では『海道記』（作者不明）、『東関紀行』（同、鴨長明と考えられていた）、『十六夜日記』（阿仏尼）、室町時代には『宗祇終焉記』などの名を思いおこすであろう。

しかし紀行文として誰もが即座に思い浮かべるのは、なんといっても松尾芭蕉の『おくのほそ道』であろう。そして、

月日は百代の過客にして、行きかふ年もまた旅人也、舟の上に生涯を浮かべ、馬の口とらへて老を迎ふる者は、日々旅にして旅を栖とす、古人も多く旅に死せるあり、予もいづれの年よりか、片雲の風にさそはれて、漂泊の思ひやまず、

（『芭蕉文集』日本古典全書、朝日新聞社、一九五五年）

という詩情豊かな出だしの部分を読むと、つい旅に出てみたいという思いに駆られることだろう。

しかしこの芭蕉の旅は、ただなんとなく陸奥《みちのく》に足を運んだわけではない。周知のように芭蕉は「古人も多く旅に死せるあり」といわれるように、西行や室町時代の連歌《れんが》師宗祇《しそうぎ》などの漂泊の足跡を追い、そこで古人に接したい思いで陸奥に向かったのである。芭蕉は、

西行の和歌に於ける、宗祇の連歌に於ける、雪舟の絵に於ける、利休が茶に於ける、その貫道する物は一つなり、

（『笈《おひ》の小文《こぶみ》』、同）

と述べているように、西行や宗祇、雪舟、そして利休を尊敬していた。だから芭蕉は西行が二二歳で出家して仏法修行と和歌の道に励み、二九歳で陸奥へ旅したことを思

い、陸奥行きを思い立つ。元禄二年（一六八九）三月のことである。そして元禄七年（一六九四）初夏に至って完成させたのが、『おくのほそ道』である。芭蕉は紀行文のモデルとして

抑々道の日記といふものは、紀氏・長明・阿仏の尼の、文をふるひ情を尽くしてより、余はみな俤似通ひて、その糟粕を改むる事能はず、まして浅智短才の筆に及ぶべくもあらず、「其の日は雨降り、昼より晴れて、そこに松有り、かしこに何と云ふ川流れたり」などいふ事、誰〴〵もいふべく覚え侍れども、黄奇蘇新のたぐひにあらずば言ふ事なかれ、されども、其の所〴〵の風景心に残り、山館・野亭の苦しき愁ひも、且つは話の種となり、風雲の便りとも思ひなして、忘れぬ所〴〵、跡や先やと書き集め侍るぞ、猶酔へる者の猛語にひとしく、寝る人の譫言する類に見なして、人又妄聴せよ、

（『笈の小文』、同）

と、前述した『土佐日記』や『東関紀行』、『十六夜日記』をあげている。そしてそれ

らには及ばないが、とりとめも無く書き集めて置くことも一興であるという。『おくのほそ道』がそうした紀行文の影響を受けて書かれたことは間違いない。

だから通り過ぎる道々の光景の叙述を除けば、基本的には本来の旅の目的である名所旧跡に関する叙述が中心になり、『おくのほそ道』では、世俗的な情景描写は次のような石巻の部分を除いてほとんど描かれることがない。

石の巻といふ港に出づ、「こがね花咲く」と詠みて奉りたる金花山、海上に見わたし、数百の廻船入江につどひ、人家地をあらそひて、竈の煙立ちつづけたり、思ひがけず斯かる所にも来たれる哉と、

（『おくのほそ道』、同）

当時石巻港よりはるかに繁栄していた出羽酒田湊や越後新潟湊については、町の繁栄に関する具体的な記述はない。「越後の国新潟といふ所の遊女なりし」とふと出会った若い女性の話として、新潟湊の存在が紹介されている程度である。

なぜなら芭蕉は、「紀氏・長明・阿仏の尼」の文章を最良のものとし、それを継承

しようと心がけたのであって、その点で『おくのほそ道』は、彼ら以上に風雅に徹した紀行文芸を意識した作品だからである。

しかし当時、芭蕉のような旅への思いは、別に珍しいものではなかった。その他の紀行文もまたほとんど同じである。たとえば、儒学・本草学・医学の道をきわめ、科学的知性に富んだ貝原益軒が書き残した『東路記《あづまじのき》』や『己巳紀行《きしきこう》』という紀行文芸ですら、描かれているのは名所・旧跡に関する記事がほとんどである。あえて風雅とかかわり合いのない記述を紹介すれば、

〇《ママ》美濃国に名物多し、美濃紙は岐阜の北、いぢらの谷と云所より出る、広き谷也、尾州君の御領地なり、又、にう山と云所よりも出る、是は赤坂の北、十里ばかりにあり、松平丹波殿の領内なり、つるし柿は岐阜の近所、はち屋と云所より出る故に、はちや柿と云、真桑瓜は岐阜の西、赤坂よりうしとらの方二里に、真桑と云所あり、其地より出る、関と云所に、昔より鍛冶多し、今も然り、

（『東路記』岩波新古典文学大系九八、一九九一年）

という部分や近江の八幡町の記事くらいである。ここで重要なのは、「美濃国に名物多し」と「名所」ではなくて、「名物」を紹介した点である。当時の紀行文には「名物」意識がたいへん希薄だったからである。
その後芭蕉は周知のように、文化・文政期に小林一茶が、

芭蕉翁の臑《すね》をかぢって夕涼み　文化一〇年三月
（「七番日記」『一茶全集』二、信濃毎日新聞社、一九七六年）

と詠んだように、俳人のシンボル的存在となった。多くの俳人たちは俳聖芭蕉にあやかって彼の足跡を訪ねる俳行脚《はいあんぎゃ》に出た。そして紀行文を書き残した。しかし当然のことながらいずれも文雅に浸るものばかりだった。

## 名所・旧跡へ誘う名所案内

次の史料は、『神奈川県史　資料編4近世（1）』（神奈川県、一九七一年）に収録

されている慶安四年（一六五二）三月の「江戸などより伊勢参詣者通行改」と題する「覚書」である。

一、伊勢参宮之者改ニ付、佐藤甚五右衛門小田原江被遣之、
江戸其外方々ゟ伊勢参宮之子共覚
人数合壱万弐千五百人
内、弐百廿八人者小田原御領分之者
外ニ無手形罷越候女子拾八人追返ス、
但、廿八日ゟ晦日迄　女五人

これは小田原藩主稲葉家の「永代日記」にある記事だが、この年江戸やその他の地域から伊勢参宮に出かけるさい小田原藩が管理をまかされた箱根宿を通過した子どもの人数の書き上げであろう。慶安四年といえば、関が原の戦いより五二年後のことである。おそらく「お蔭参り」の始まりと思われる現象が起こったからかも知れないが、すでに子どもだけでも一万二〇〇〇人を超す人々が伊勢参宮に出向いたことがうかが

える。同じ現象は西国や上方でも起こっていたことであろう。
次の史料はかの有名な井原西鶴の浮世草子『西鶴織留《さいかくおりどめ》』の一部である。これは彼の死後元禄七年（一六九四）に刊行されたが、その中の「諸国の人を見しるは伊勢」に描かれた場面である。

神風や伊勢の宮ほど、ありがたきは又もなし、諸国より山海万里を越て、貴賤男女心ざし有程の人、願ひのごとく御参宮せぬといふ事なし、殊更春は人の山なして、花をかざりし乗掛馬の引つゞきて、在々所々の講まゐり、一村の道行も弐百・三百人の出立、同じ御師へ落着ける程に、東国・西国の十ヶ国も入乱れて、道者の千五百・二千・三千、いづれの太夫殿にても定りのもてなし

（日本古典全書『井原西鶴集』三、朝日新聞社、一九五〇年）

と早くもこんな現象が起こっていたのである。当時の村人たちは、西鶴が「殊更春は人の山」と記しているように、農作業が始まる前の春先に伊勢に向かう。
ただ伊勢へこのような参詣人が押し寄せるようになるのは、御師によって「在々所々

の講まゐり」と全国各地に続々と誕生した伊勢講の組織力によるものであった。

しかしこのように旅への関心が高まりだしても、そうした人々のための案内書類は、古典的な紀行文が持つ独自の類型を踏襲せざるを得なかった。江戸初期に逸早く板行された仮名草子の中の道中記類がそれである。多くが京都から鎌倉、関東へという「東下り」の形式をとっていた。なかでも『伊勢物語』の九段「東下り」を意識したものが多かった。

たとえば元和七年（一六二一）ころに世に出たと言われる『竹斎《ちくさい》』の主人公藪医師竹斎は、東海道を下って江戸に至る。京都から隅田川までたどりついた男の物語『仁勢物語』の道筋も同じである。ただこれまでの紀行文芸と異なり、奇人竹斎の詠むのは狂歌であり、地誌的叙述が見られるが、基本的には名所旧跡と歴史的場面の紹介が大半を占めている。

都＝京都の寺社は、伊勢のように御師などを介することなく、その歴史と伝統によって早くから多数の人々を惹きつけていた。そしてその大半は参詣・参拝を目差すものだった。こうした時代の要請に応えるように、いち早く「名所記」が刊行されて旅人の道標となった。その先駆けをなしたのが、明暦四年（一六五八）に京都で刊行された『京童《きょうわらべ》』であろう。
その序文には、

そもそもやつがれは丹波の国馬路といふ村にそだち、
（『新修京都叢書』第一、臨川書店、一九八七年、第一序）

と著者中川喜雲が、自ら田舎者であることを告白し、その上で、

せめて古郷のつとに、見ぬ京物語はほいあらじ、仁和寺の法師のひとり岩清水にまうでつる事のあやしく、今少年のさかしきにあないさせて、九重の外まで見めぐり、鳳闕のめでたきつくり、神社仏閣のかたちをゐがき、来歴をしるしてよといへば、
（同）

と、せめて故郷の土産に、まだよく知らない京の様子を語るのは不本意なので、賢き

少年に洛中洛外の神社仏閣などの姿を描かせて、丹波をはじめ他国から京へやってくる旅人たちに活用して欲しいというのである。

このような動機だけあって『京童』は和文で書かれ、俳諧的精神をベースに意外性に富み、また随所に挿絵を入れて、読者を惹きつけた。しかし『京童』の巻第一の目次は、

目録　内裏　下御霊　誓願寺　和泉式部　腹帯地蔵　蛸薬師　四条河原　目病の地蔵　祇園　知恩院　円山　長楽寺　将軍塚　双林寺　八坂　霊山　産寧坂　子安

というもので、圧倒的に寺社の割合が高く、ついで旧跡、そして朝廷関係の記事で占められている。間違いなく寺社参拝をめざす参詣者向けの案内書であると言ってよいだろう。

そして次に刊行されたのが江戸から京都への道案内『東海道名所記』である。作者は仮名草子作者の浅井了意。万治二年（一六六二）のことで、江戸から「京へ上る」さいの本格的な名所案内として画期的な作品である。

このことは何を意味するかといえば、東海道のインフラ整備が一段と進み、人が移

動するための諸条件が整ったことを物語る。それは了意が、「しらぬ道にはあんない者あり」、だから「『いとおしき子には旅をさせよ』といふ事あり、万事思ひしるものは、旅にまさる事なし」（『東海道名所記』一、双書江戸文庫五〇、国書刊行会、二〇〇二年）と、子どもにまで旅に出よと言えるほど安全性が増したからである。

しかし『東海道名所記』もまた、「家によりて、国の名物、酒・さかな、煮売・焼売色々あり」（同）と名物への関心を示しつつも、古典的説明の域を出てはいない。あえて新鮮さを指摘するとすれば、「この寺（妙国寺）の門は、駿河大納言殿御屋敷の御成門を引いて立らる、こゝよりくり石をとり、江戸に出して売る。又品川苔とて名物なり、色あかく、かたち鶏冠苔のちいさきもの也」（同、品川宿の場面）とか、

爰は、蛤の名物あり、蛤は、諸国にあれども、貝合の貝になるは、伊勢はまぐりにまさる事なし、『夫木和歌集』に、西行ほうし、

今ぞしる二見の浦の蛤を貝合とてひろふものとは

と、よみけるも、此国の名物をほめたるにや、貝厚くして、破がたしといふ、牡蠣も、伊勢をよしとす、真珠も、余国よりはこの国の珠を上とす。

（同、桑名宿の場面）

と、桑名の蛤を街道筋の「名物」を紹介している点だろう。しかしそれは品川・桑名宿の二場面だけであり、基本は題名通り名所・旧跡案内であることには変わりはない。
　こうして多くの人々が京に上りだす。またその中には参詣以外の目的で京に上る人々もかなりの数存在した。しかしそんな人々が『京童』を頼りにめざす町に行きたいと思っても、ほとんど役に立たない。そこで浅井了意が、商用などで上京する人々の期待に応えて刊行したのが、『京雀』である。寛文五年（一六六五）の刊である。了意はその序文で、

　町々の名は時代にまかせてかはりゆく、おなじみやこの人にてだに聞きしらぬ町の名もあれば、すむ人の家もおぼつかなし、まして田舎人のにはかに京にのぼりて、人をたづね侍らんには、まぎれたる町の名、同じやうなる家つくりに、ほうがくをわすれたづねわびつゝ、西にひがしに北みなみ、ひねもすめぐりくらし、いそぐことにも時をたがへ、辻のちまた門のほとりに立やすらい、行つかゝる事すくなから

ず、この故に文の表書札の書付、その理その町とさだかならねば、田舎より都に送るたより、ゆきとゞかぬこともおほし、是をすこしの案内にもなれかしと、一條より九條まで、にしの朱雀より東の京極まで、町並を書つゞけ、故ある所にはそのためしをしるし、田舎人にをしゆといふ

（『新修京都叢書』第一）

と述べているように、京の町々の様子は日に日に変わる。それは京に住む人々ですら困惑気味だ、ましてや他国から上京する「田舎人」が迷ってしまうことだろう。『京雀』はそんな人々のための京の町並み案内の要素が強い。つまり旅は旅でも「商用の旅」や「遊学」先を探して京へ上る人々への町方案内といえるだろう。

それゆえ、そこには寺社など名所旧跡の説明は必要ない。もっぱら町ごとの商人や職人の店先案内が中心で、なんと市内の略図、店先の簡略な光景図、そして詳細な索引まで付してあり、利用者の便をはかっている。

京都に次いで人々の関心を集め出したのは、急速に巨大都市化しだした江戸である。江戸については『竹齋』の終点として、また『東海道名所記』の出発点として、すで

に名所・旧跡化した場所が紹介されてはいるが、本格的な案内は、寛文二年（一六六二）に刊行された浅井了意の著作といわれる『江戸名所記』である。

そのころ江戸は、明暦の大火（一六五七年）によって市街地の大部分を焼失し、開府以来名所化してきた寺社なども同じ運命にさらされただけでなく、防災化を中心とした都市改造計画で移動を余儀なくされてしまったが、急速な復興策でようやく新たな都市の姿が見えてきた時期と言ってよい。

こう見てくると、旅の案内は、仮名草子作家浅井了意によって、『伊勢物語』以来の「東下り」という伝統的なスタイルを踏襲した東海道の紹介に始まり、次いで京都市中そのものの紹介へ、さらに江戸から京へ上るという案内記に移り、最後に都市改造なった江戸案内へと移ることが分かる。しかしいずれも「名所」案内という点で共通していたのである。

## 物見遊山を勧める名所案内

ところで「名所記」の「名所」とはそもそもどのような意味なのだろうか。簡単に解説しておこう。「名所」としてふつうに想像するのは、風光明媚な自然、歴史的伝統のある寺社、川中島の戦いや関ケ原の戦いなのど古戦場などを目に浮かべることだろう。

しかしこれは「名所」と名づけられるための必要条件であっても十分に条件を満たしていない。そこになにが必要かといえば、著名な歌人や俳人がその場所に立って歌や句を詠んだ名所《などころ》であることが必要である。だから川柳で、

名所図絵（会）目も草臥る歌修行　麴丸
（「柳多留」百三十篇、天保五年『誹風柳多留』三省堂、一九八三年）

和歌の道にもつまづかぬ名所図絵（会）　同
（『柳多留』六十四篇、文化一〇年、同）

と皮肉られるほど、名所図会には歌や句がつくのが当然なのである。

しかし寺社などへの参詣を目的とした名所記が刊行されだすころに、旅に新たな変化が起こっていた。

次の史料は、『東京市史稿』産業篇四（東京都、一九五四年）に収録されている慶安元年（一六四八）二月二五日付の「町人伊勢大山参風俗華美禁制」である。

一、町人伊勢参、大山参之者共ふとんをかさね敷、馬ニ乗、其上結構成躰を致参申間敷候、絹紬毛氈之外敷申間敷事。

つまりこれは慶安元年の時点で、伊勢や相模大山へ参詣の旅のさい、「ふとんをかさね敷」て馬に乗るような派手な旅を禁ずる触書である。この触書から当時の「旅」がすでに、「心願成就」の参詣のみを目的とした旅ではなく、まさに「物見遊山」的な気分を併せ持った旅であることをうかがい知ることができる。

それは、

春めくや人さまざまの伊勢参り　荷兮
（「春の日」『芭蕉七部集』岩波新日本古典文学大系七〇、一九九〇年）

と尾張の俳人山本荷兮《かけい》が「春の日」の発句で詠んだ句からもうかがえる。この句は、春らしくなりだすと、人々がそれぞれあでやかな身なりで伊勢参りで出かける光景が見られるようになり、それが尾張の春の風物詩になっていることを伝えている。ここにも物見遊山的な気分が伝わってくるだろう。ついでながら荷兮は芭蕉の『俳諧七部集』の「春の日」の編者で有名な人物である。

そして前出の『江戸名所記』の序文にも、

いざや、俄に思ひたちて、名所おほき江戸まはりをめぐりてみん、年月こゝにすみながら、しらぬ人に尋ねられて、そこは見ず、爰はしらずとこたへんも、をこだしかるべしやといふ、それこそいよよき事なれ、さればば物かたりのたねにもならんかし、いでや日も闌るにとて、うちつれだちてあゆむ、かしこなりける茶やに立よりて、酒少うちのみて、しばしやすらえ、そのめぐるべき道すぢをさだむ

（『江戸叢書』巻之2、名著刊行会、一九六四年）

とあちこちのすてきな茶屋なんかに立ち寄って酒でも飲みながら見物しようよと勧め

ているように、まさに「物見遊山」気分をも持ち合わせた名所めぐりがお勧めになりだしたのである。

延宝五年（一六七七）に刊行された『江戸雀』では、その序文で、

かゝるめでたき御代なれば、國富民豊にして、歌人は山頂の花に詠じ、詩人は池辺の月に題をなせば、武家は弓を嚢に藏め、干戈は函に容て、静謐の代を猶守護せり、商人百姓は己々が所作をいとなみ、五穀成就に円満たる事あけてかぞふべからず、春夏秋冬の遊山見物、唯此時にやあらむ、

（『江戸叢書』巻之5、名著刊行会、一九六四年）

とはっきり「春夏秋冬の遊山見物、唯此時にやあらむ」と、旅の目的に物見遊山観念が大きな位置を占めだしていることが分かるだろう。つまり旅が派手になりだした慶安年間から約三〇年、「信仰」・「心願成就」を目的とした動機からだけではなく、「物見遊山」の気分を併せ持つ旅へと大きく変容していることがうかがえる。

しかし『江戸雀』の序文の後段では、

我朋友の案内に、武家屋敷民家の町等をしるさん、又寺社名所舊跡を入て見ぬ、世の友になりもやせんと、雑紙のしわをひきのばして、をつ〳〵筆を取そめて、大略をしるすにぞ、（同）

と記されているように、「江戸の町並の案内」に、相変らず「寺社名所舊跡を入て見ぬ」と名所旧跡型の要素を強く意識している点を見逃してはならない。

これは町方案内の要素が強い『京雀』のスタイルを踏襲しつつ、そこに『京童』の要素である「神社仏閣巡り」を加え、『江戸名所記』と同様、基本的には名所旧跡案内の観念を踏襲した内容だが、「遊山見物」の要素が前面に打ち出されている点を大いに注目すべきであろう。

そしてその上で、延宝七年（一六七九）に刊行された『難波雀』を加えた「三雀」を比較検討された近世文化史研究の熊倉功夫さんが、「人々はただ書物の上だけで名所への興味を満たすだけではなく、実際に旅をするさいに便利な、より実用的な案内記を要求するようになる」（『江戸鹿子《かのこ》』解題、古板地誌叢書刊行会、一九七〇年）と指摘しているように、実用的な地誌的案内記が加味されだすと、そこに「遊里」などが加わり明確に「遊び」の要素が重みを増しだすのである。

その点で貞享四年（一六八七）刊の『江戸鹿子《かのこ》』は興味深い。なぜなら、名所旧跡の案内に加えて「講師諸芸」「諸職名匠諸商人」の名前と住所が列記され、本格的な実用向きの案内記と言えるからである。その双方を端的に継承しているのが、延宝年間から五〇年後の享保一七年（一七三二）に刊行された『江戸砂子《すなご》』（正しくは『江戸砂子温故名跡誌』という）である。つまり

たま川のつきせぬ流れ、としまの浦浪静にして、枝をならさぬ江都の名所旧跡、江戸雀の囀りをうけ、江戸鹿子の迹を結びて、

（小池章太郎編『江戸砂子』東京堂出版、一九七六年）

と、『江戸雀』、『江戸鹿子』双方の描き方を踏襲していて、多くの人々に読まれたのだ。

最後に水江漣子さんの研究から、近世初期に刊行された名所記類の主なものを紹介

し、そこから近世初期に刊行された名所案内の誘い先を類推しておこう。

| **刊行年** | **書名** | **巻数** | **著者** |
|---|---|---|---|
| 明暦四年〔一六五八〕 | 京童 | 六巻 | 中川喜雲 |
| 万治元年〔一六五八〕 | 洛陽名所集 | 一二 | 山本泰順 |
| 同　二年〔一六五九〕 | 鎌倉名所記 | 五 | 中川喜雲 |
| 同　　年 | 沢庵和尚鎌倉記 | 二 | 不明 |
| 同　　年 | 南北二京霊地集 | 二 | 釈　良定 |
| 同　　年 | 東海道名所記 | 六 | 浅井了意 |
| 同　四年〔一六六一〕 | 武蔵あぶみ | 二 | 同 |
| 寛文二年〔一六六二〕 | 江戸名所記 | 七 | 同 |
| 同　五年〔一六六五〕 | 京雀 | 七 | 同 |
| 同　七年〔一六六七〕 | 本朝寺社物語 | 九 | 不明 |
| 同一〇年〔一六七〇〕 | 吉野山独案内 | 六 | 謡春庵周可 |
| 同一二年〔一六七二〕 | 通念集（高野山） | 一一 | 一無軒道治 |

| | | | |
|---|---|---|---|
| 同　年 | 有馬私雨 | 五 | 平子政長 |
| 延宝二年〔一六七四〕 | 山城四季物語 | 六 | 坂田直頼 |
| 同　三年〔一六七五〕 | 南都名所集 | 一五 | 太田叙親・村井道弘 |
| 同　年 | 住吉相生物語 | 六 | 一無軒道治 |
| 同　五年〔一六七七〕 | 江戸雀 | 一二 | 菱川師宣 |
| 同　六年〔一六七八〕 | 三都雀 | 五 | 不明 |
| 同　年 | 出来斎京土産 | 七 | 不明 |
| 同　年 | 奈良名所八重桜 | 一二 | 大久保秀興・本林伊祐 |
| 同　七年〔一六七九〕 | 河内名所鑑 | 六 | 三田浄久 |
| 同　年 | 京師巡覧集 | 一五 | 釈丈愚 |
| 同　年 | 難波雀 | 一 | 水雲子 |
| 同　八年〔一六八〇〕 | 難波鑑 | 六 | 一無軒道治 |
| 同　九年〔一六八一〕 | 和州旧跡幽考 | 二〇 | 林　宗甫 |
| 同　年 | 太平江戸鑑 | 一 | 不明 |
| 貞享元年〔一六八四〕 | 堺　鑑 | 三 | 衣笠一閑 |

（「初期江戸の案内記」『江戸町人の研究』第三巻より）

以上を見て分かるように、名所記のほとんどが三都、次いで大和・鎌倉の案内であり、時に河内・和泉国の案内があるくらいで、他国の名所記が刊行されるようになるのは、貞享二年（一六八五）「身延山根元記」（不明）、元禄一三年（一七〇〇）に「吾妻紀行」（谷口重以）、元禄年中に「四国遍礼霊場記」（釈真念）、宝永四年（一七〇七）「三河雀」、正徳三年（一七一三）に「諸州巡覧記」、「木曽路之記」（貝原益軒）などが刊行されたにすぎない。三都や奈良へ旅するのは、まさに「南北二京霊地集」という題名に象徴されるように、参詣を目的とした霊場めぐりの旅が圧倒的だったことを物語る。その点で、「身延山根元記」や「四国遍礼霊場記」など、他国の場合もほぼ同じ目的であったと言えるだろう。

## 物つくりの現場が新名所に

こうした傾向の名所案内の内容を大きく転換させたのが、安永九年（一七八〇）刊の秋里籬島《りとう》作の『都名所図会』という新スタイルの案内書である。「図会」という題名の通り、見ても楽しめる要素をふんだんに盛り込んだ案内書という点で、旧来の「名所記」類とはかなり違う。絵図の大きさと細密さ、そして解説の詳しさで評判を呼んだ。

その評判のすごさは、秋里籬島がその後かかわった名所図会の数々を見れば明らかであろう。一種のブームを起こしていると見てよい。『日本名所風俗図会』8「京都の巻Ⅱ」の「解説」（執筆・竹村俊則）から紹介すれば左のようになる。

| 題名 | 巻数 | 刊行年 | 出版社 |
|---|---|---|---|
| 都名所図会 | 六巻六冊 | 安永九年（一七八〇） | 京都　吉野屋為八 |
| 拾遺都名所図会 | 四巻五冊 | 天明七年（一七八七） | 同 |
| 大和名所図会 | 一巻一冊 | 寛政三年（一七九一） | 京都　小川多左衛門 |
| 住吉名勝図会 | 五巻五冊 | 寛政六年（一七九四） | 大坂　雁金屋治郎右衛門 |
| 和泉名所図会 | 四巻四冊 | 寛政八年（一七九六） | 京都　吉野屋為八 |
| 摂津名所図会 | 九巻一二冊 | 寛政八～一〇年 | 同 |

| | | | | |
|---|---|---|---|---|
| 東海道名所図会 | 六巻六冊 | 寛政九年（一七九七） | | 同 |
| 伊勢参宮名所図会 | 五巻六冊 | 同 | 大坂 | 塩屋忠兵衛 |
| 近江名所図会 | 四巻四冊 | 同 | 大坂 | 塩屋忠兵衛外二店 |
| 都林泉名勝図会 | 五巻五冊 | 寛政一一年（一七九九） | 京都 | 小川多左衛門 |
| 河内名所図会 | 六巻六冊 | 享和元年（一八〇一） | 京都 | 出雲寺文治郎 |
| 木曽路名所図会 | 六巻七冊 | 文化二年（一八〇五） | 大坂 | 塩屋忠兵衛外二店 |

『都名所図会』以後、わずか三〇年間で一一にのぼる。『都名所図会』の人気が籬島を一躍スターダムにのし上げ、寛政期に第二の名所案内ブームをつくりあげたと言ってよい。そして以後これに刺激されて江戸、尾張、阿波など諸国で続々と「名所図会」と名づけられた案内書が出版されだすのである。

その特徴は、いずれも『江戸鹿子』などに端的に見られる町方案内的な実用性の部分がすっぱりと削除され、「図で会」う名所案内に純化された点にある。なぜかといえば、実用性の一部分は、明和二年（一七六五）に刊行された『平安人物志』を嚆矢とする「人名禄」として独立し、「他邦の人京師に遊学する者の為に輯む」（『平安人物志』『近世人名録集成』1、原文は漢文）というように実用に供するものとなり、さらに商業的な案内は「買物案内」として、町内の商売や職人を紹介する内容から、著名な商店名を商売ごとに紹介する広告的内容へと独立していったからである。

ただ「図会」、つまり「図で会う」図説であることを強調した書名は、『都名所図会』が最初ではない。正徳三年（一七一三）刊の図説百科事典『倭漢三才図会略』（通称「和漢三才図会」、寺島良安編）が最初である。周知のように寺島は、中国明代の王圻《おうき》の著書『三才図会』をベースにしているので、書名もそれに倣ったことは間違いないが、それに影響されたのだろうか、宝暦四年（一七五四）に、大坂で作者平瀬徹斎・画工長谷川光信によって刊行された名物案内に『日本山海名物図会』と名づけられた。これは「日本山海」という題名通り諸国の山海の「名物」の生産現場を、見開き両頁の大部分を図版に費やしで紹介するという大胆な試みで、一躍評判になった。まさに「図で会う」にふさわしい臨場感豊かな誌面構成になっている。

しかも刊行の意図は、「俳人許六が曰く、末の代にあつて和歌の道に対するものは金銀なり」（『日本山海名物図会』名著出版会、一九七九年）と、もはや今の世の中は和歌＝名所ではなく金銀＝経済＝生産であるというのだ。当然そこには、名所の条件

『日本山海名物図会』の一場面　奥州仙台紙子生産の図
（『日本山海名物図会』名著刊行会より）

としての短歌や俳句は紹介されていない。風雅な詩情の部分を徹底的に排除した内容となっている。

ここで取り上げた名物をすべて紹介することは出来ないが、描かれた図版は八九に及び、名物の産地名と生産光景がリアルに描かれているのが特色である。その中でもっとも力を入れられたのは、金銀銅山の生産過程で、二〇項目に及び、そこには山神祭などの様子も描かれる。第二は漁業である。とくに捕鯨に関しては捕獲に至る過程が詳細に描かれているが、取り上げた名物は、いずれの産業の場合も畿内近国に集中しているのが特色である。これ

| 品目＼地方 | 農産 |  | 畜産 |  | 林産 |  | 水産 |  | 鉱産 |  | 工産 |  | 狩猟 |  | 加工 |  | 商業貿易 |  |
|---|---|---|---|---|---|---|---|---|---|---|---|---|---|---|---|---|---|---|
|  | 名物 | 名産 | 名物 | 名産 | 名物 | 名産 | 名物 | 名産 | 名物 | 名産 | 名物 | 名産 | 名物 | 名産 | 名物 | 名産 | 名物 | 名産 |
| 北海道 |  |  |  |  |  |  | 1 | 2 |  |  |  |  |  | 2 |  |  |  | 1 |
| 東北 |  |  | 1 |  |  | 1 |  | 2 |  |  | 1 |  |  | 1 |  |  |  |  |
| 関東 |  |  |  |  |  |  | 1 | 2 |  | 1 |  |  |  |  | 1 |  | 1 |  |
| 中部 | 2 |  |  |  |  |  |  | 7 |  | 1 | 1 | 1 |  | 3 | 1 |  |  |  |
| 近畿 | 6 |  |  | 1 | 6 | 2 | 18 | 12 | 15 | 2 | 5 | 1 |  | 4 | 13 | 2 | 4 |  |
| 中国・四国 | 1 |  |  | 1 |  |  | 1 | 7 | 2 | 1 | 1 |  |  | 4 | 1 |  | 1 |  |
| 九州 |  |  |  | 1 |  | 1 |  | 3 |  | 1 | 1 | 1 |  | 1 | 2 |  |  |  |
| 外国 |  |  |  |  |  |  |  | 1 |  |  |  |  |  |  |  |  |  | 1 |
| 計 | 9 | 0 | 1 | 3 | 6 | 4 | 21 | 36 | 17 | 6 | 9 | 3 | 0 | 15 | 18 | 2 | 6 | 2 |

**『名物図会』と『名産図会』紹介の地域別産品表**

（千葉徳爾註解『日本山海名産・名物図会』より）

は著者・画工の足跡が遠くに及ばなかったためであろう。

この評判に応えてか、まもなく「日本万物山海名産図会」というさらに詳細な名産図会の刊行が計画された。しかし平瀬の死もあって刊行は大幅に遅れた。ようやく寛政一一年（一七九九）、校閲・木村蒹葭堂《けんかどう》、画工・蔀関月と中井藍江の手で『日本山海名産図会』が刊行されさらに大きな話題になった。

蒹葭堂は大坂の文人世界の第一人者だけあって、その内容は『日本山海名物図会』とは異なり、名産品の視野を蝦夷地から「異国産物」にまで大きく拡大しただけでなく、生産工程にこだわり、その詳しい解説と緻密な絵画で話題をさらった。

こうして酒といえば伊丹、石は讃岐小豆島の豊島石から摂津の御影石や山城嵯峨野辺の砥石の産地、茸は日向の椎茸、蜂蜜は紀州熊野など、大坂市場を圧倒しだした諸国名産の生産工程を具に紹介することで、産地と消費者を身近なものにしようと企図したに違いない。

なぜこのような「名物」・「名産」案内が刊行されたのだろうか。それは本草学の発達に合わせ、全国各地でさまざまな特産物の生産が開始され、それらの商品が「天下の台所」大坂に集まり、さらに江戸や各地へ流れていき消費されるようになると、しだいにブランド化し何処何処の国の「名物」とか何々地方の「名産」という名で定着しだしたためである。消費者はそれらがどこでどんな形で生産されるのか、と関心を持ち出すが、全国に散在する生産現場には足を運べるはずもない。そんな消費者の心理を巧みにくすぐったのが、「図で会う」ことで心を満たさせるという編集方針である。しかも作者自ら現場に足を運んだから、実像に近い光景が紹介されていると思われ、企画は当たった。

そして明和七年（一七七〇）には半時庵淡々の『万国人物図会』が成稿した（刊行

されるのは文政九年〈一八二六〉)。秋里籬島は新たな「名所案内」の第一号を刊行するにあたって、『日本山海名物図会』と名づけた図説中心の案内書が人気を呼んだことに刺激され、『都名所図会』と命名したのではないかと考えられる。

さらに籬島はもう一つ。名物・名産への関心が高まるという社会の新たな風潮を読み取ったことと思う。そこで籬島は『摂津名所図会』の執筆に当たって、その「凡例」に、

一、大坂市街に神廟仏刹多からず、ここによつて諸社の祭式、あるいは朝市夕市の繁花、また新艘の船おろし、出帆帰帆、河口の風俗を図しあらはす、

(『日本名所風俗図会』一〇大阪の巻、角川書店、一九八〇年)

と、大坂市街には神社仏閣が少ないという消極的な理由からではあれ、市場のような市内の繁華な地、新たな千石船の進水の場面、江戸へ出航する船の賑わい、諸国の産物を積んで入港する船の様子など、大坂繁栄のシンボルを新たな名所として紹介しようという大胆な試みを行なったのである。

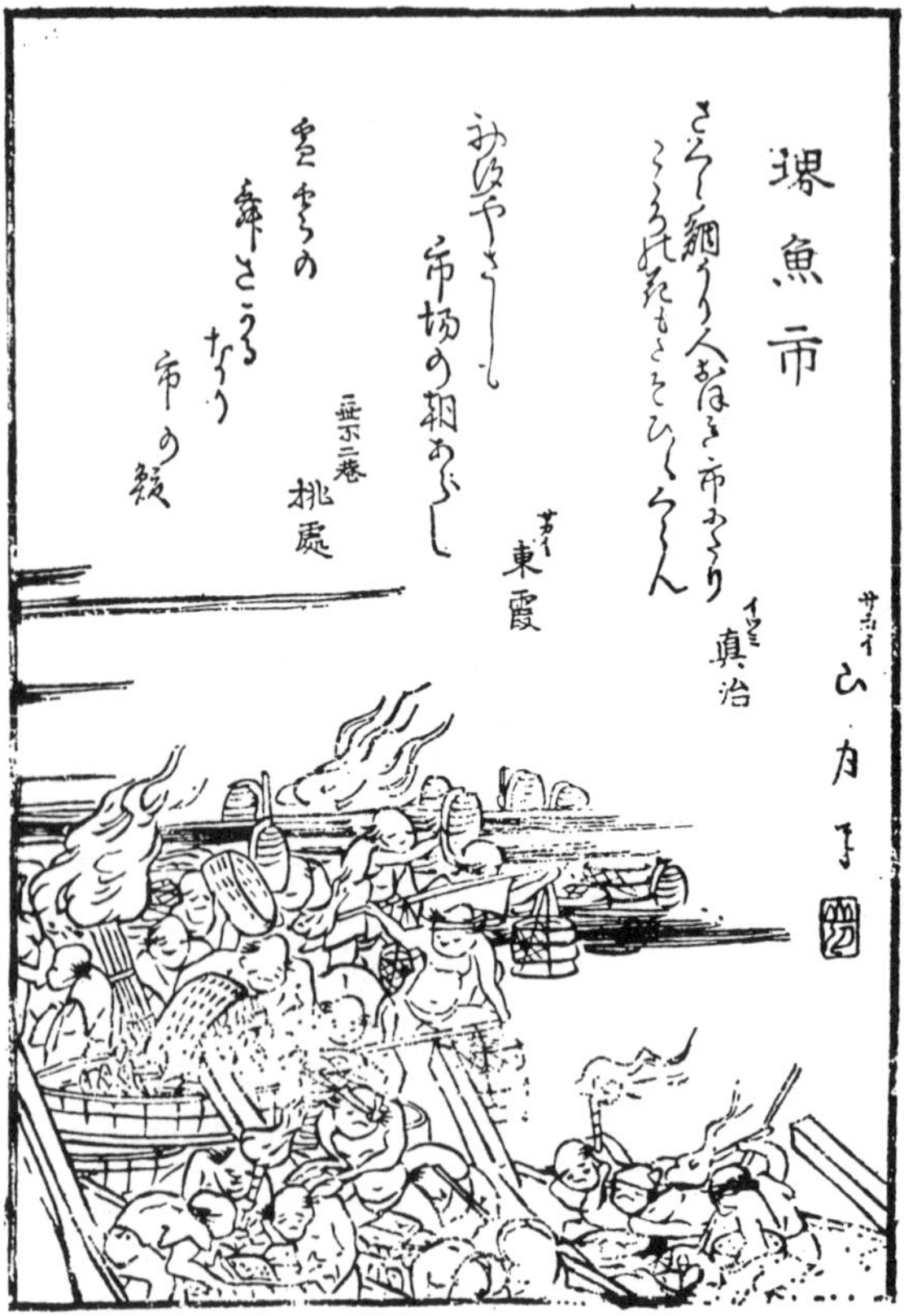


堺魚市　さくら鯛うり人おほき市にたりこころの花もさぞひびくらん　イヅミ、真治　　初汐やさしも市場の朝あらし　サカイ東霞、　雪雲の舞さがるなり市の鰒　二世不二庵、桃処　サカイ山月筆㊞

『五畿内産物図会』の一場面　泉州堺の魚市の図

（『日本名所風俗図会』16　諸国の巻１、角川書店より）

これは『日本山海名物図会』に描かれた諸国産の「名物」が、「天下の台所」大坂に入津する時の活気に満ちた光景に焦点を当てようとする試みである。こうして産地と消費地を結びつける場が、新たに「名所」としてクローズアップされることになったのである。

つまり、「物見遊山」の場所としては、これまで見向きもされなかった「世俗」の喧噪の場面そのものが名所として浮上してきたことを物語る。当然こうした観点は、享和元年（一八〇一）の『河内名所図会』にも大きく影響し、暮らしに密着した地場産業が紹介されていくことになり、寛政九年（一七九七）刊の『東海道名所図会』の挿入図版には東海道の街道筋に生まれた土産用産物の生産工程の場面が紹介されだす。そして同時期に、名古屋の絵師高力猿猴庵の手で東海道各宿の名物の販売風景がリアルに描かれるに至るのである（『東街便覧図略』名古屋市博物館蔵）。

しかし生産現場を名所とするには、「歌枕」、つまりそこに訪れた歌人や俳人の歌や句が不可欠の条件になる。そこでついに文化一〇年（一八一三）、大坂で刊行された『五畿内産物図会』において、五畿内の著名な「みやけもの」（土産物）＝産物の図版すべてに歌や句が書き添えられ、その産地が名所化されるに至るのである（前頁参照）。

そしてその後続々刊行された『阿波名所図会』、『讃岐国名勝図会』、『江戸名所図会』、『尾張名所図会』などに特徴的に現れるのは、産業や流通の場面を新名所として登場させた点にある。それは『讃岐国名勝図会』の「凡例」に明記されるように、

一、当国産物甚だ多し、砂糖・塩・小豆等のごときは天下に冠たる事偏く世のしる処なり、この書一郡ごとにその郡の産物を集め録して、その下に委しくその村名を記す、薬種のごときは一々挙ぐるにいとまあらず、

（『日本名所風俗図会』一四、四国の巻、角川書店、一九八一年）

とわざわざ一項目を設けて「天下に冠たる」特産物の生産現場を紹介しようという意図がはっきり示されるのである。

当然こうした産業の発達は商品流通の発達をも促すから、当然流通の拠点である「市」や港町の繁栄の場面も注目されるようになり、その喧噪の場面を描いた図版が挿入されることになる。とくに『江戸名所図会』や『尾張名所図会』には顕著に現れ、名所のイメージを大きく転換させていくのである。

瀬戸陶器職場之一　本業・染付焼の二様ありて、職場のさまも大同小異なり。ここには古人石華の図に基き混じて画く。

尾張瀬戸物の生産工程の説明図（１）

其二
クスリヲセイス
画ヲナス
クスリヲカケル

尾張瀬戸物の生産工程の説明図（２）

焚き休むかまどの上や春の月　卓池
小竈かぜ雪の兎を焼きて見む　竹有

尾張瀬戸物の生産工程の説明図（3）

（『日本名所風俗図会』6「東海の巻」角川書店より）

しかもこれらの光景は、絵師自身が現場に足を運び描かれたものが多い。その点で『尾張名所図会』の挿絵は、いずれも臨場感豊かなものであり、見る者の心に迫ってくるものが多い。そこで『尾張名所図会』後編に描かれた特産の瀬戸物の生産工程を描いた「瀬戸陶器職場」の組図版「其一から三」を紹介しておこう。

ちなみに『尾張名所図会』後編は、尾張藩によって板行差し止められ、江戸時代では日の目を見ることがなかった。世に出たのは明治一三年（一八八〇）になってからである。おそらくあまりにリアルな生産現場の描写を見せられて、藩の関係者が生産技術の流出を危惧したためと思われる。

## 産業への観光的関心の高まり

では全国から伊勢参宮などを目的にした庶民の旅の過程で、前述してきたような名産地へ足を運び、生産過程をつぶさに見物するような人々が存在したのであろうか。東北地方から伊勢神宮へ参詣するために旅した人々が書き残した道中記を集め分析した高橋陽一さんの「多様化する近世の旅―道中記にみる東北人の上方旅行―」(『歴史』

九七、二〇〇一年）を読めば明らかなように、七六の道中記の全行程を追跡しても、まったくいなかった。

その多くは伊勢参宮だけを目指す旅ではなく、時には讃岐金比羅から安芸の宮島まで足をのばし、帰路には丹後の天の橋立、信濃善光寺に立ち寄って故郷に帰ることはあっても、日常的に消費している尾張木綿や瀬戸・常滑焼の産地にまで足をのばすことはない。せいぜい海路を使ったさい立ち寄る新潟湊ぐらいである。あとは通過する東海道筋の尾張有松の絞り染屋を見物するなど、街道筋の名物・名産に関心を持つ程度であった。

なぜなら、伊勢参宮の多くは信仰を第一にした代参だったからである。それゆえ讃岐金比羅まで足をのばすのも当初の予定に織り込み済みであり、寺・社に参詣し霊験あらたかな御札をいただくことが目的なのだから、行き先が計画を外れることは稀である。計画に合わせて旅費が支給されていたからである。

しかし個人的な旅の場合には、こうした制約から解放され旅の行き先を自由に選択できる。だが近世人の旅の思いには理想があった。それは紛れもなく芭蕉の『おくのほそ道』や『更科紀行』などに代表される漂泊の旅に出て、異郷の自然と人間の世界

をさ迷い、「旅日記」に歌や句を詠むことであった。世はまさに、

はつ時雨俳諧流布の世なりけり　一茶　（『七番日記』文化七年）

とか。

という時代である。こうして書き留められた俳人や歌人たちの紀行文のなんと多いこ

ただこの頃、菅江真澄の東北・蝦夷地紀行、橘南谿《なんけい》の『西遊記』、『東遊記』、古川古松軒の『西遊雑記』、『東遊雑記』など、己の足で各地の暮しや生産の様子を確かめ記録する人々が現われていた。彼らの紀行文には文雅な気分はほとんどない。また蘭学者司馬江漢の場合も同様である。彼の長崎紀行『西遊日記』（平凡社東洋文庫、一九八六年）には、事物に対する観察中心の記述などを読み取ることができる。

しかし近世後期になると文雅を求めて旅に出た人々の旅日記の中にさえ、名所旧跡めぐりに交じって名産地にまで足を運んだ記録が書き留められだすことに注目すべきであろう。たとえば佐渡国沢根湊の廻船問屋浜田屋の主人笹井治左衛門こと秀山が書き残した『海陸道順達日記』（佐藤利夫編、法政大学出版局、一九九一年）がそれで

ある。

秀山は文化一〇年（一八一三）四月一九日佐渡を発った。行き先は大和、そして伊勢、そこから大坂・京都に向い、京都から伏見、播州海岸へ回り、高砂湊から瀬戸内海を船で四国丸亀に上陸し金比羅さんを参拝し、そして広島から厳島、周防の錦帯橋、室積湊から船路で豊前大里湊に上がり小倉へ、小倉から大宰府天満宮を経て、終点は筑前博多、帰路は日本海沿岸の主要湊に立ち寄り佐渡へ、という一一四日間の旅だった。

旅の目的は三つあった。一つは参詣、二つ目は治療（痔の手術で華岡青洲の春林軒へ）、そして三つ目は商用であった。しかし編者の佐藤利夫さんによれば、一一四日間の秀山の旅のほとんどは、出会いふれ合いの旅であり、句や歌を楽しむ「物見遊山」の旅であったという。そんな中で秀山は大坂の船場筋に足を運んだ。予定のコースだったのだろうが、あっと驚く。

せんば壱丁めすじ、大ばし筋、今橋へ出、是よりいたし、なにハばしヲ越え候処、此間タニて今橋筋、岩木、或ハ升屋、又ハ三ツ井等の大店アリ、何れも通りながら一見致候処、右三軒とも各々大きなる店かたなり、人々夥敷なミ居て、誠や夏頃蚊のわくが如くニて賑ハしふぞきこえり、夫ゟ行きぬれバ、かうらい橋筋ニて、かうの池の本家善左（右）衛門殿之やかたヲぞ通りながら一見致候、方六、八丁計も可有之、外とハ四方共、皆黒ロキ高カ塀ヲ掛たり、下タは少シノ堀江アリ、拾万石以上の大名屋敷ニも思われけり、尤、其堀之上へはのこらず忍び返し有之、日本随一之ぶんげんありて、家居も大イなれども其多人数之しづかなる事、猶奥ゆかしく見えけり、

（『海陸道順達日記』法政大学出版局、一九九一年）

と、さすが日本随一の分限者の町はすごいと感嘆する。そしてさらに足を運べば、

扨、行キぬれバ、夫よりどう嶋へ掛り参りしが、此処は人々大勢寄り集り、米相場等相立ち候処故、人数殊の外ニ夥しく町中市之如くニて有之候、

（同）

と堂島の米市場へ至り、その賑わいに驚く。そしてさらに西へ行けば大きな屋敷が立

ち並ぶ町に入る。そこが池田である。その町並みを眺めて秀山はある事を思い出す。

此池田といへル駅ハ、日本中へ酒ヲ作リ出ス池田いたみとて、結構なる酒之出ル土地なるよし、予も承り及び候ニ付、長道中足シノ痛ミケレドモ、佐州古郷友人等ニ、池田何某とて酒ずきなる御かたの事ヲ思ひ、道之たすけニもなれかしとて、歌よみけるは、

家殊に積ミかさねたる樽酒を　のめバ池田も酔勘兵衛哉
樽酒をつみかさねたる池田駅　いたミし足もよろし勘兵衛

（同）

と酒の名産地池田・伊丹へ足を運び、生産地の現場感覚を味わい、ついつい故郷の酒好きの友人を思い出し、家ごとに酒樽が積まれているすごい光景を見て、一首詠んでみたくなった。まさに名産の生産現場に足を運び、その感動を書き留めた典型的な事例である。

もう一人紹介してみよう。それはのちに「海の百万石」といわれた加賀の海商銭屋

五兵衛である。彼は一代で巨大な富を蓄えて加賀藩財政を支える豪商に成長したが、非業な最期を遂げた人物であるが、ただの商人ではなかった。美術品を収集し歌や俳句を詠む文雅も心得ていた。五兵衛は俳号を亀巣と言い加賀では著名な俳人の一人だった。五兵衛は文政四年（一八二一）二月一六日、江戸から名古屋へ旅をした。その時に五兵衛が書いた紀行文「東巡紀行」（鏑木勢岐『銭屋五兵衛の研究』銭五顕彰会、一九五四年）が残されている。五兵衛の旅の目的もまた風流、物見遊山の旅であった。まず金沢を出ると北国街道から中山道を経て、高崎から日光へ回り奥州街道に出て江戸に至った。途中、善光寺に立ち寄ると、

善光寺
二月廿三日昼八ツ時、正信坊ニ宿す、石川郡定宿
凡日本中ゟ参詣之地故に宿所の坊郡定ニ割合、且又市中旅宿右ニ順じ千戸の家立偏ニ此霊場に依て潤色の構と成べし、
御仏の御謂は普く世に著き事なれば、更に述べるに不及、先門に入れば檀街の敷石百間余、左右坊舎鐘楼連綿として建つらね、正面御堂前戸十八間と云々、御堂内左

の方、真向如来を奉納、御厨子等の荘厳誠ニ古雅なり

などと、善光寺とその周囲の様子を風雅な文章で書き留める。また江戸に入れば「上野御廟」＝寛永寺周辺を散策し池の端に至れば、

池のはた所々茶店有、入口左の二軒め茶店にて中飯并ニ一盞をめぐらし女ども給仕酌とり、江戸の活斗意気地のさやれ《（洒落）》誠ニ繁花人気を察し、殊に一興の口号に、

　咲花の梢は近し池のはた

などと一笑を催す、

と、江戸の風雅な世界を満喫し、興じて一句を詠み書き留めているように、全体的には旅の風情を楽しむ記述で占められているが、ただそれだけではなかった。

五兵衛は善光寺門前（長野）を出て上田、小諸に向かえば、当然目に入るのは北信地方の経済的活況である。そしてそれに目を奪われる。

上田駅　城下　　松平伊賀守様五万三千石
　市中家建能上田嶋白紬等産物問屋多く潤色の地也、
　（中略）
小諸　廿五日泊　上田宇源二　間数多く大宿也、
　牧野周防守様壱万五千石御領分、富饒御身代御内福、凡五万石斗の見図り、市店
家建よし、
　　此所にて聞、綿相庭六十本ニ付百廿八両
　塩四斗五升入弐俵　壱分二朱
　随分諸商の場と見ゆる也、

などと、目は自然に経済活動の景況に移る。そして上田縞など名産品の問屋の店先の様子から、「潤色」＝裕福さを書き留め、主要な物価が気になり、自分で聞き確める。

さらに足をのばした下野足利では、

足利駅　城下　　戸田大隈守様壱万千石

下野国也、入口川船渡し　家建能千軒斗ト市場有
小倉嶋・縮緬品に産物潤色の地なり、

と関心はこの地域の織物業の発展と村や城下の活況を目に焼つける。五兵衛の旅は江戸を出て東海道を上り、名古屋から関ヶ原を経て帰途につくが、その間、商人的視点で物を見る目はますます冴える一方だった。

こうした紀行文の質的変化は、社会全体の光景が大きく変わりつつあることを物語っている。街道を旅し目に付くのは、村や町の中で躍動するさまざまな産業の活況である。文化文政期には、村には掘立小屋の家屋はほぼなくなる。普通の村民も礎石の上に柱が立つ家屋に住み、白壁の土蔵を持つ豪農の家が目立ちだす。五兵衛が通った信州の村々はとくにそうであった。それは養蚕と製糸業の発達で農業経営は大きく飛躍し、村の景観も人情も大きく変わりつつあった。

養蚕の季節になれば、

村中にきげんとらるゝ蚕哉　　一茶　　（『七番日記』文化一五年）

と信州を旅する一茶が詠んだように、村をあげて蚕の生産に勤しみ、「お蚕様」と呼ばれるほどの利益を村人たちにもたらしたのである。

文化文政期に生きた埴科郡森村の村役人中条唯七郎が書き残した『見聞集録』（『近世信濃庶民生活誌─信州あんずの里名主の見たこと聞いたこと』（ゆまに書房、二〇〇七年）には、「当村始として諸村共に、近来土蔵等銘々毎の様に経営候」とあり、白壁の土蔵がどこの家にも存在し、家造りも衣服も家具も豊かになり、そこに生きる村人の気風は、「天地隔絶の変態に成り候」と一変してしまったと記されている。多くの旅人はそうした光景を目にしながら旅をしたのである。産業に関心を持つようになるのは当然のことであろう。

## 産業観光文芸の出現

しかし秀山や五兵衛の紀行文は、当時刊行されることはなかった。ただこうした気分で旅をした人々が生まれだしたことの証左となろう。そして風雅な旅だけが旅ではないと思う人々が存在しだしたことを物語ってくれるだろう。

こんな新たな雰囲気を察して新たな紀行文学が生まれた。それが十返舎一九の出世作『東海道中膝栗毛』である。

一九は享和二年（一八〇二）に刊行した『道中膝栗毛』にどんな思いを込めていたのだろうか。そこで「道中膝栗毛凡例」（岩波文庫、一九七三年）の第二項に書かれている、次のような部分に注目したい。

駅々《えきえき》風土《ふうど》の佳勝《かしやう》、山川《さんせん》の秀異《しうい》なるは、諸家《しよか》の道中記《だうちうき》に精《くは》しければ此《こゝ》に除く。所々の名物《めいぶつ》・景物等《けいぶつとう》に至《いた》っては、聊其滑稽詞《いさゝかそのしやれことば》を加《くは》え記《しる》す、

と記している。つまりこれまでの名所記のように宿々の風光明媚なところや名所旧跡に関する説明をあえて省いて、もっぱら「所々の名物・景物等」を滑稽に紹介する道中記を世にだすというのである。

ここで言う「諸家の道中記」とは、岩波日本古典文学大系62『東海道中膝栗毛』の注によれば、「海道記・東関紀行・十六夜日記・東海道名所記などの先行作品を指す」

とあるが、果たしてそうであろうか。「東海道名所記」をのぞくこれらの紀行文は、一九が四篇の巻首で「下り役者の時代物」＝「東下り」の年代物と批判の対象とした作品である。また、平安・鎌倉時代の日記類が当時どこまで読まれていたかと言えば、甚だ疑問だからである。おそらく一九を含めた知識人たちには教養の書であっても、読者である「切落向を専とした」（四篇巻首）一般の庶民にまで広く読まれていたとは到底思えないからである。

では一九が念頭においた「諸家の道中記」は、いつ頃の作品を指すのだろうか。おそらく本稿中で示した「図会」の類であろう。それが読者としての町人や村民たちの身近に存在した名所案内書だからである。なかでも『東海道名所図会』や『摂津名所図会』などにかなり刺激されたのではないかと思われる。

そして京から江戸への街道案内である『東海道名所図会』に対抗して、江戸を起点として大坂に至るという江戸っ子の立場からの道中物だったことが人気を呼び、どこの宿場でも露骨に見せた色気と食い気だけを求めてやまない二人（弥次郎兵衛と喜多八）の珍道中に宿場の名物をからませるという趣向が、多くの読者に旅の醍醐味を満喫させてくれたのではなかろうか。

一九の名所旧跡排除の意識は徹底していた。じっさい東海道筋には通行するさいに説明して当然の風光明媚な名所旧跡がいくつもある。そんなところは、「俄に大雨ふりいだしければ、半合羽打被き、笠ふかくかたぶけて、名におふ田子の浦、清見が関の風景も、ふりうづみて見る方もなく」（二編下）と、雨に霞んで見えなかったと通りすぎる。また「洛陽の名所旧跡しるすにいとまあらず」といいつつ、十年前の大坂時代に見物したことなので「悉く忘失し」（七編上、述意）と述べて都の名所については記述することはなかった。それゆえ、街道の名物だけが目に付くように描かれているのである。

しかし一九は、名物の菓子や土産物は取り上げはするが、二人をその生産現場にまで誘うことはなかった。一九は自分の足で街道を上り、宿場やその周辺の有様をつぶさに観察し、土地の文人たちと交流している。また若き日に大坂で長年にわたって暮し、その間市街を周遊している。だから当然名物の生産工程などに熟知していたはずである。にもかかわらずそれは描かなかった。おそらく街道筋を離れることで興趣をそらすと考えたからであろう。

周知のように弥次郎兵衛と喜多八が、江戸に戻るのに二一年もの歳月がかかった。

帰府は文政五年（一八二二）のことだった。この間どんな現象が起きたかといえば、『膝栗毛』に啓発された地方版が出現したことであろう。とくに一九が調査旅行で足を運び、その土地に文人たちと深く交流した地域では、『膝栗毛』を模倣した地域版が多く刊行された。なかでも『東海道中膝栗毛』で名古屋城下を取り上げてもらえなかった尾張の文化人たちがそうであった。一九への反発も含めて名古屋城下巡りと、城下を起点として小旅行に出る紀行文が次々と誕生したが、一九の影響力は絶大で『郷中知多栗毛』など、題名を見てもその影響力のすごさを感じるものが多かった。この点については岸野俊彦編『「膝栗毛」文芸と尾張藩社会』（清文堂、一九九九年）に詳しいのでそれに譲るが、これらの作品に共通しているのは、一九が省いた名所旧跡が復活し、あわせて名物が紹介されるという混合型になっている点である。

つまり一九は、旅の楽しさを、名所旧跡めぐりもさる事ながら、定住生活の強いしがらみから解放され、好きな飲み食いに焦点を当て、しかもどこに行っても土地の名物があり旅を飽きさせることがないと、風雅より物への関心を高めることによって紀行文芸に新たなジャンルを確立したと言えるだろう。

## おわりに

近世後期の人々は、あらゆる場面で日常消費する物資に関心を持つようになり、それを生産する産業へ眼差しを向けるようになった。そして消費者は、その生産現場や流通の拠点にも心が動き、多くの人々がそこへ出向いてみたくなった。そんな読者の心理を読み取り、「名所図会」に新たな名所として認定されたのが、産業の生産現場である。そこには無名の職人たちや女工が働く姿が臨場感豊かに活写される。一九はそこまで関心が及ばなかったが、旅先での関心を事物に向けさせた点で、風雅が基調の紀行文芸に一石を投じたといえるだろう。

私は、こうした傾向こそまさに「はじめに」で紹介した須田寛さんのいう「産業観光」の始まりではないかと思う。ただ刊行された名所図会や紀行文に刺激されて、読者がその生産現場に赴いたかどうかは分からない。少なくともそこへ誘う役割を果たしたことは間違いないだろう。おそらくそれは、寺社を訪れる目的の中に、神仏に参拝する気持ちとともに、社殿や仏像の美を鑑賞することに心の比重が大きく移り、大和の古寺への巡礼が流行しだしたころ、同じように民芸運動が盛んになり、無名の職人たちが生産した産物の素朴な美に関心が高まり、多くの人々が本格的に生産現場へ足を運ぶようになる大正期を待たなければならなかったと思われる。

※　本稿は、二〇〇六年、第六四回民衆思想研究会報告、寺地剛一氏「近世物見遊山観念の変容」に刺激されて執筆したものである。

# 3

# 近代日本の旅と旅行産業
## ＪＴＢを中心として

永江雅和

## はじめに

近代社会のひとつの特徴は、あらゆる人間活動がビジネスの論理で再編されてゆく、つまり産業化されてゆく点にあり、古代以来の人間の営みである「旅」についても例外ではなかった。ここでは近代日本の歴史のなかで、「旅」が果たした役割の一面について論じてみたい。「旅」の産業化といえば、旅行産業・旅行会社が想起されるが、ここでは明治時代から今日にかけて、長い歴史を誇る旅行会社であるＪＴＢの歴史を中心として、その歴史をたどりながら、あわせて日本旅行産業の発展過程をみてゆくことにしたい。

## 近世から明治維新期の旅

まず近代の話に入る前に、近世、つまり江戸時代までの「旅」が、どのようなものであったかについて簡単に見ておきたい。日本には古くから紀行文学の伝統があり、

『土佐日記』、『十六夜《いざよい》日記』などの名作が残されている。しかしこれらの古典文学に登場する「旅」は、役職にともなう用務の移動であったり、訴訟のための移動であったりと、必要に迫られての「旅」なのであり、今日私達が考えるような娯楽としての「旅行」とは程遠いものだった。また中世までの日本は、街道の整備も充分でなく、沿道の治安も不安定なものだったと考えられ、庶民にとっての国内の「旅」は必ずしも安全なものとは言えなかったのである。多くの人々が身分を越えて気軽に「旅」を楽しむ風潮は、まだ生まれていなかったと言えるだろう。しかしこうした傾向は戦国時代が終焉し、江戸時代に入ると大きく変容してゆくことになる。

一般に江戸時代というと、「封建体制」というイメージが先行し、国内の移動は幕藩制によって分断され、人の移動も関所の存在によって不自由であり、不活発であったという印象があるかもしれない。たしかにそうした側面は存在し、「入り鉄砲に出女」の言葉に象徴されるような、関所における庶民の通行制限は存在した。今日に比べれば江戸時代が民衆の移動に不自由が多かった社会であることは事実である。しかし一方で江戸時代が、参勤交代制度の実施などによって全国の街道整備が進み、国内の治安も向上した時期であることも事実なのである。

街道の整備と治安の安定、そして生活水準に余裕が出てきたところでは、民衆の間でも寺社参詣を中心とした「旅」が流行するようになってきた。特に人気を博したのが「伊勢参り」である。神崎宣武の『江戸の旅文化』によれば、少なくとも一七世紀末の元禄期以降になると、民衆による伊勢参りが活発化していったといわれている。もちろん当時の民衆、特に農民は農閑期を選ばなくてはならず、また旅行費用を個人的に捻出することも難しいことから、村の若者が「伊勢講」などを結んで費用を捻出することが多かった。「講」とは特定の目的のために費用を積み立てる集団であり、この場合、講のなかで伊勢参りの費用を積み立て、一定額に達すると、くじ引きをして講を代表して伊勢参りをする人員を決定したのである。決定したものは講を代表して参拝するわけであり、これを「代参《だいさん》」と呼んだ。彼らは伊勢に参拝すると、「御師《おし》」と呼ばれる神職のもとで神事をおこない、饗宴を受けたのである。今日で考える「旅行」とはずいぶん違う点もあるが、この往復から寄り道をして、京都などの名所を物見遊山することも多かったのである。『都名所図会《ずえ》』などには、案内人が名所図会を片手に、旅人たちに名勝を案内する姿が描かれており（図1）、民衆の間で旅行をサポートする案内業が誕生しつつあったことを示している。

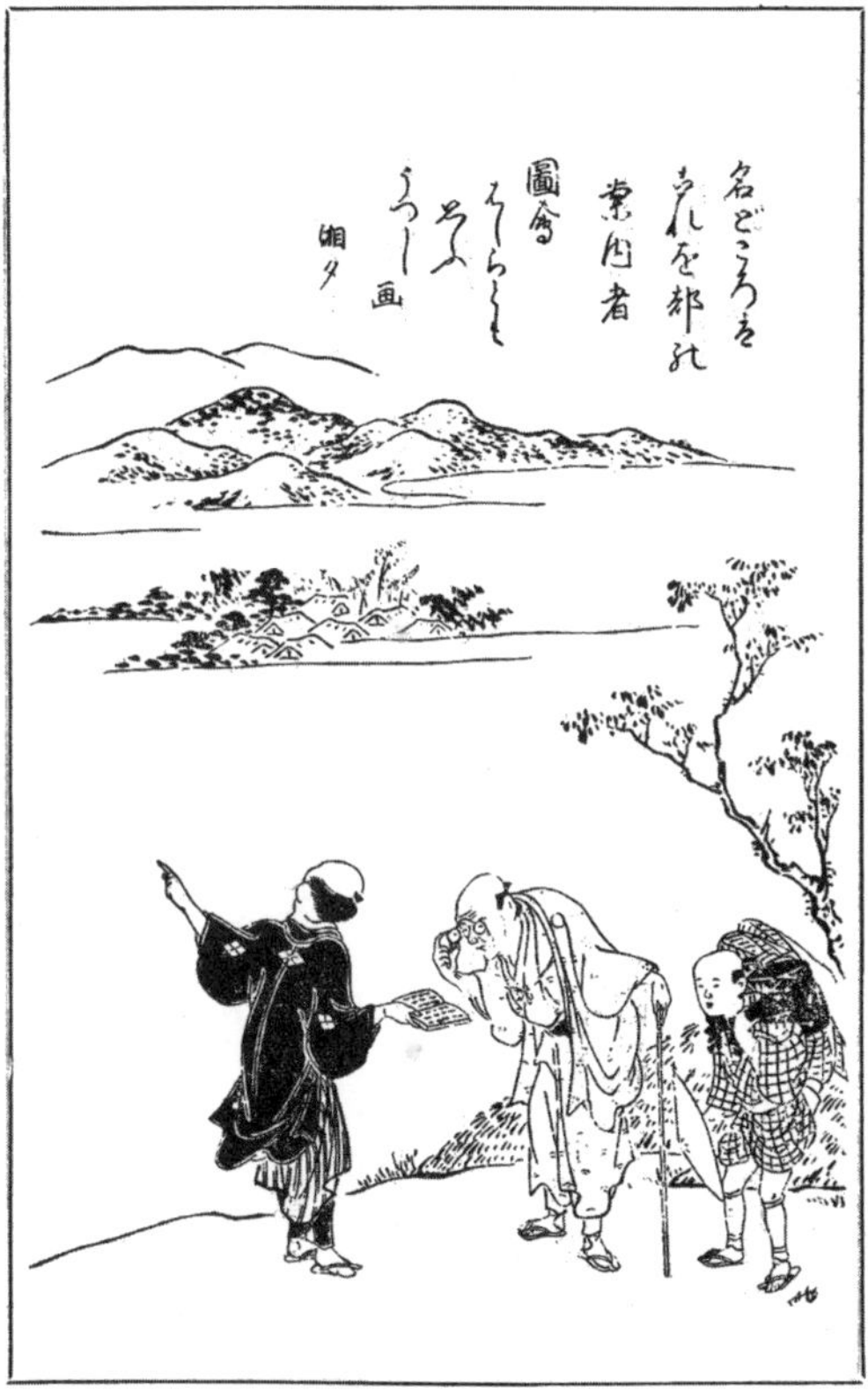

〔図１〕『都名所図会』より

## ジャパン・ツーリスト・ビューローの設立

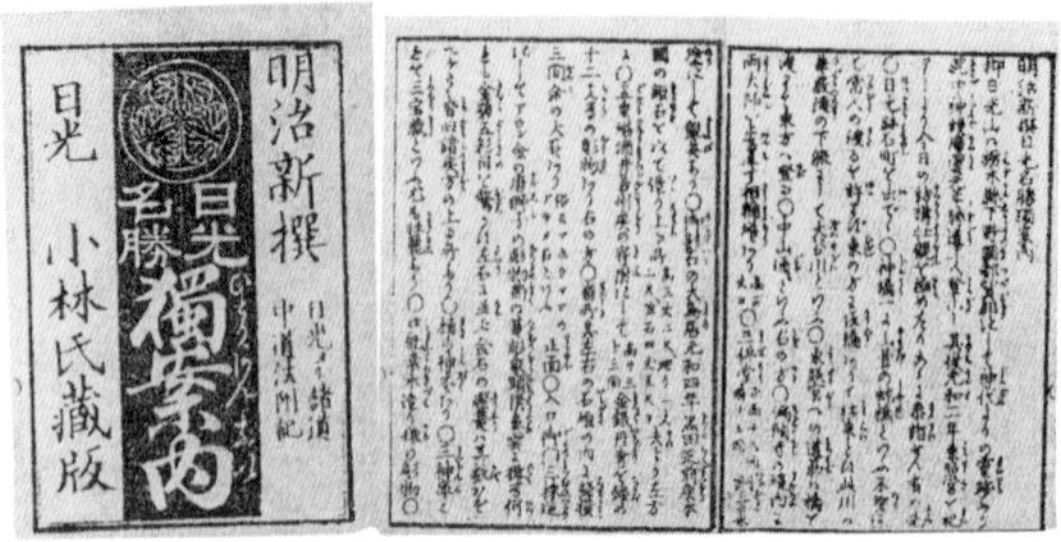


〔写真１〕 日光名勝独案内

### 日光の旅行案内

江戸時代から盛り上がりつつあった庶民の旅行熱は、明治維新によって、一層の開花を見せることになる。一八六九（明治二）年には、それまで庶民の移動を制限していた全国の関所が廃止され、民衆の移動は基本的には自由になり、民衆の旅行を活発化させる契機となった。明治初期の旅行案内をひとつ紹介しよう。写真1は一八八一（明治一四）年に刊行された『日光名勝独案内』である。「独案内《ひとりあんない》」と呼ばれる旅行案内書は江戸時代から街道筋の案内書としてみることができ、明治初期にもこのような体裁が踏襲されているものが多い。編集・出版をおこなったのは日光本町在住の小林次郎とされており、価格は一銭五厘、現在の物価で約五〇円程度である。日光といえば徳川家康を祀った東照宮が有名であるが、明治維新の政治状況を反映してか、案内文面には徳川家に関する記述がほとんど見られないのが当時の時代状況を反映しているようで興味深い。一八八一（明治一四）年といえば東海道線も全線開通はしておらず、当然日光への鉄道も整備されていなかった。民間の日本鉄道会社によって上野―宇都宮間が開業したのは、この独案内発行から四年後の一八八五（明治一八）年のことである。したがってこの道中案内でも、東京―日光間の里程が徒歩で示されており、近世以来の道中案内の様式を踏襲しているといえる。

日光に宇都宮から鉄道が敷かれたのは一八九〇（明治二三）年のことで、日本鉄道会社によるものであった。二〇世紀に入ると、外国人観光客にも人気のある日光と開港の玄関である横浜をつなぐ要望が高まり、官鉄と日本鉄道の路線を相互乗り入れしてつなぐ、横浜―日光間の列車が一九〇四（明治三七）年に開通した。観光地への鉄道延伸は当時の政府が運営していた官鉄よりも、民間経営である私鉄で発案されることが多く、全国の観光地と都市部の間は、主として私鉄路線によって結ばれることになったのである。

## 喜賓会の設立

国内で旅行熱が盛り上がるなか、政府に近いところでも、「旅行」「観光」を議論する風潮が生まれてきた。一八九三（明治二六）年、渋沢栄一と益田孝の発案によって「喜賓会《きひんかい》」が設立される。渋沢は元大蔵官僚であったが下野して、数多くの近代産業の誕生に貢献した「日本財界の父」と呼ばれる人物、益田は三井財閥の中心的経営者の一人であったが、元々は大蔵省に出仕していた。二人とも元官僚であったことに加え、共に渡欧、特に当時世界一の観光都市であったパリを視察した経験があった点に共通点がある。渋沢も益田も世界中から観光客を集める「花の都」パリに、日本が学ぶべき点を見出したのである。

喜賓会の目的は日本への外国人観光客誘致の振興であった。開国と同時に日本を訪れる外国人旅行者は増加しつつあったが、国内の受け入れ体制が未整備であることが問題とされていた。『日本交通公社七十年史』によれば、喜賓会の設立目的には「遠来の士女を歓待し行旅の快楽、観光の便利を享受せしめ、間接には彼我の交際を親密にし貿易の発達を助成する」ことが明記されている。外国人観光客を歓待すれば、相互の友好が高まり、貿易も発達するだろう、という趣旨に基づいていたと理解すればよいだろう。また当時の条約改正交渉の結果、一八九九（明治三二）年より外国人の内地雑居が実現することが予定されており、外国人の受け入れ機運が高まっていたことも喜賓会設立を後押しすることになったと考えられる。こうして設立された喜賓会初代会長には公爵蜂須賀茂韶《はちすかもちあき》が就任し、益田孝も幹事を務めた。喜賓会は外国人に向けた英文の日本旅行地図、旅行案内書数十種を作成し一九〇三（明治三六）年に大阪で開かれた第五回内国勧業博覧会などで頒布したといわれている。

## ジャパン・ツーリスト・ビューローの設立

外国人観光客誘致の旗振り役としてスタートした喜賓会だったが、発足早々に危機を迎えることになる。それは一九〇六（明治三九）年の鉄道国有法の公布であった。喜賓会は会員の会費と寄付金により運営されていたが、主要な寄付金供給源であった私鉄が同法によって次々と政府に買収されていったのである。この結果資金難に陥った喜賓会は一九一四（大正三）年に解散することになった。ただ外国人観光客誘致の必要性は政府側にも認識されており、鉄道院の木下淑夫らの発案により、鉄道院主導による、新たな外客誘致機関の設置が進められることになった。当時の鉄道院総裁であった原敬もこれに賛同し、喜賓会設立者の渋沢栄一も協力を表明したことから、一九一二（明治四五）年三月にジャパン・ツーリスト・ビューロー（Japan Tourist Bureau：以下ＪＴＢ）が発足することになった。これが戦後の株式会社ジェイティービーのルーツである。

ＪＴＢの年間運営資金は、その半額を鉄道院が支出し、残り半額は協賛企業が拠出することになった。当時の協賛企業には鉄道院のほか、朝鮮総督府鉄道部、台湾総督府鉄道部といった植民地における政府機関のほか、箕面《みのお》電気鉄道、東武鉄道、阪神電気鉄道、小田原電気鉄道といった私鉄、帝国ホテル、富士屋ホテルといった宿泊業、日本郵船、東洋汽船といった海運会社までが名を連ねていた。設立当初のＪＴＢは、国外における日本観光のＰＲ活動に邁進した。欧米主要都市、中国大陸に案内所網を展開し、各国で開催される博覧会や観光地においても案内所を開設し、パンフレット等を作成・頒布したのである。一九一三（大正二）年には和英両文による機関誌「ツーリスト」を発刊。また一九一五（大正四）年には外国人乗車券の代理販売事業・旅行小切手の発行などを開始し、外国人観光客への便宜を拡大したのである。

〔写真２〕　外国人向け観光パンフレット

**外国人向けパンフレット**

ＪＴＢが当初から英語表記で創設されたことからもわかるように、当時の旅行政策の中心は外国人観光客誘致にあった。明治時代の日本のような途上国において、先進国からの観光客収入は、貴重な外貨収入になる。国際収支が不安定な途上国にとって、外貨が獲得できる産業育成は重要な政策課題なのである。もちろん渋沢栄一が主張したような国際的相互理解による間接的効果も期待できるが、政府が動くためには短期的に「外貨獲得」を掲げることが重要な要素となったことはいうまでもな

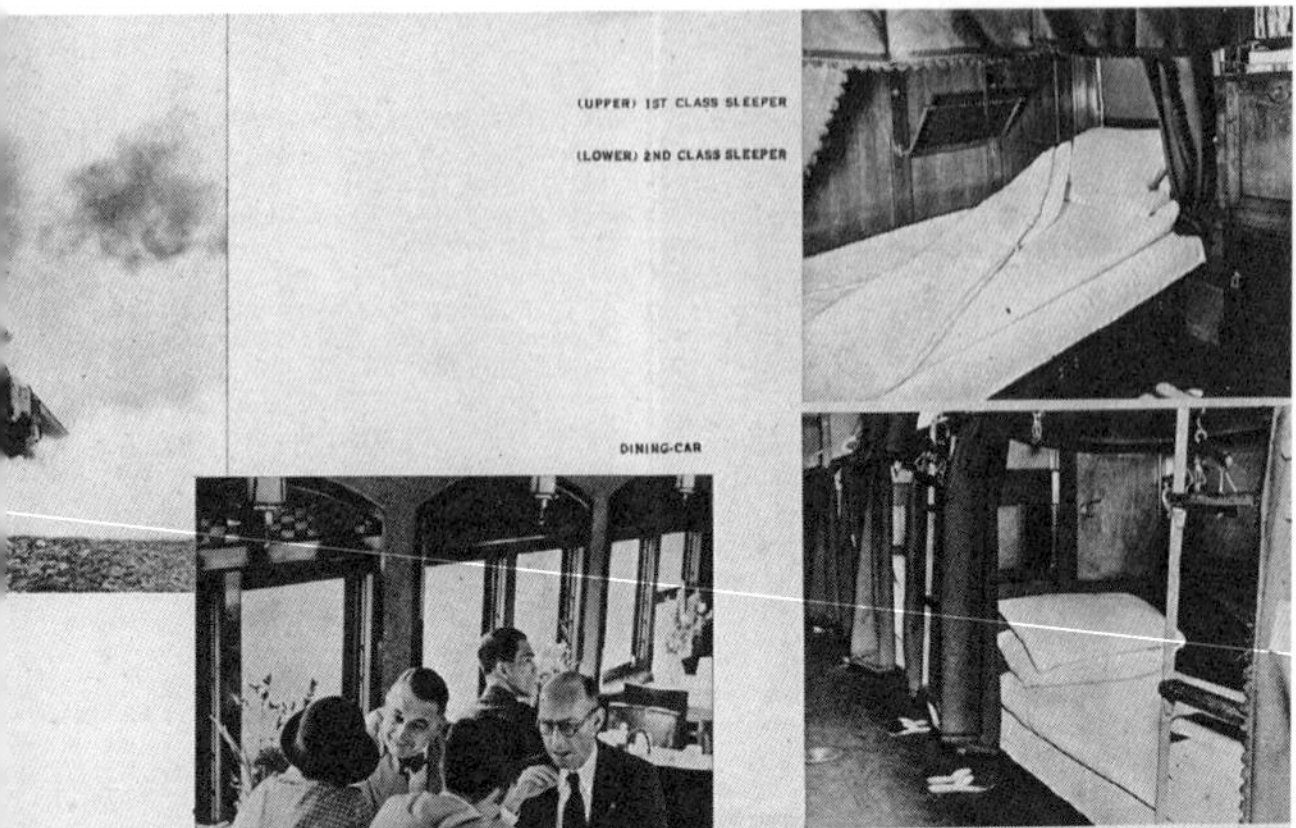
(UPPER) 1ST CLASS SLEEPER
(LOWER) 2ND CLASS SLEEPER
DINING-CAR
OBSERVATION-CAR

観光パンフレット

class are attached to the express trains on the main line. The most important main route is the Tokaido-San-yo Section, which covers a distance of 682 miles from Tokyo to Shimonoseki, a port at the western end of the mainland, where connections are made by ferry with Kyūshū and Korea. Over this route passes the International Traffic between Europe and the Far East via Manchuria and the Trans-Siberian Railways.

DINING, SLEEPING AND OBSERVATION CARS All the long-distance express trains have dining- and sleeping-cars attached to them. Observation cars are attached to limited expresses running from Tokyo to Kobe or Shimonoseki, as well as the ordinary expresses between Kyoto and Shimonoseki. In the dining-cars, foreign meals (à la carte or table d'hôte), wines, spirits, beer, soft drinks, etc. are available at moderate prices (breakfast ¥ 0.75, tiffin ¥ 1-1.20, dinner ¥ 1.30-1.50). Unlike those in other countries, some dining-cars in Japan have young waitresses. The sleeping-berths are similar to those used on the American railways and are provided in sleeping-cars—sectional sleepers (2nd class) and compartment sleepers (1st class). Observation cars are luxuriously upholstered and are attractively decorated inside. Ist class passengers have free access to the observation cars.

EXPRESS TRAIN SERVICE The fastest train "Tsubame" ("Swallow") covers the distance of 367 miles between Tokyo and Kobe in 8 hrs. 37 min., with an average speed of 42.8 miles an hour. Other express services of note on the Tokaido-San-yo Section are the "Fuji" and "Sākura," both running from Tokyo to Shimonoseki in 18 hrs. 30 min. For some 78 miles from Tokyo, viz. as far as Numazu, all passenger trains are electrically worked.

STREAM-LINED LOCOMOTIVE

TOKYO CENTRAL STATION

〔写真 3〕 外国人向け

い。

写真2・3は鉄道省が発行した外国人向けの観光パンフレットである。このパンフレットには年代が記されていないが、航空機の写真から、一九三一（昭和六）年以後のものと考えられる。文面を一部翻訳してみよう。

旅の安らぎ「日本」

どれほど世界を旅慣れた方でも、日本を旅すればいつでも新しい発見と驚きに出会うことができます。日本ではあらゆる古いものと新しいものとが見事に調和されています。美しい自然と魅力的な歴史は、近代日本が達成した高度な科学と産業と見事に調和して保存されています。各地でお客様を一流のホテルと「旅館」、豪華な料理、整備された道路、衛生的な施設でお迎えし、世界中の方々から好評を頂いております。陸、海、空にわたる充実した交通機関によって、安全と安らぎに満ちたご満足を皆様にご提供いたします……。

外国人観光客に向けて日本の歴史と豊かな自然を強調する一方で、近代化によって達成された、宿泊施設、インフラ、衛生環境の良好さを同時にアピールする工夫を文面からうかがうことができる。口絵には東京駅の近代的建物、鉄道における寝台施設と食堂車の完備、そして特急列車の最後尾に連結されていた展望車の写真が添えられている。パンフレットの作成は鉄道省（一九二〇年～）と記載されているが、巻末の「Office Abroad」と記されている海外の取次事務所にはJapan Tourist Bureauのオフィスが紹介されている。日本旅行に関心を持つ外国人旅客は、ＪＴＢの海外事務所を通じて日本旅行のプランを立てることができたのである。

## 大正期以降の邦人客増加

このように戦前の日本においては外国人観光客への期待が非常に高かったのであるが、一方で国内の日本人による旅行はどのように考えられていたのだろうか。この方面でも時代が下ると、新たな変化が見られるようになった。そもそもＪＴＢ設立の主体が鉄道院であったことにも、邦人観光問題の萌芽をみることができる。明治初期の観光地への鉄道の接続は、主として私鉄によって担われてきたことは前述したが、その反対に官鉄の関心は工業面や軍事面にあり、当初観光問題などは二の次といった状況であった。しかし二〇世紀に入ると官鉄にもそうは言っていられない状況が発生する。まず前述の鉄道国有法の影響で全国の私鉄路線を買収した結果、事業規模が膨れあがった。国営の官鉄は赤字になれば、それだけ財政赤字を増加させることになってしまう。また買収した路線のなかには、日本鉄道の日光線のような観光が重要な位置を占める路線も含まれていた。さらにこうした路線を中心に私鉄との営業競争も活発化してゆく。先の日光線にしても、一九二九（昭和四）年に東武日光線が開通すると、官鉄との間に熾烈な競争が発生することになった。こうした状況は全国的に発生し、いかに官鉄といっても、旅客獲得のために経営努力をしないわけにはいかなくなってきたのである。

こうした状況に追い打ちをかけたのが第一次世界大戦であった。欧州を中心に戦われた大戦の影響で、欧米からの日本への観光客が激減したのである。これによってＪＴＢの外国人観光客誘致事業も危機を迎える。しかしその一方でアジア地域の欧州企業の活動が停滞した結果、日本経済には「大戦景気」と呼ばれた好景気が発生したのである。物価上昇によって生活が苦しくなり、米騒動のような事件も起こったが、好

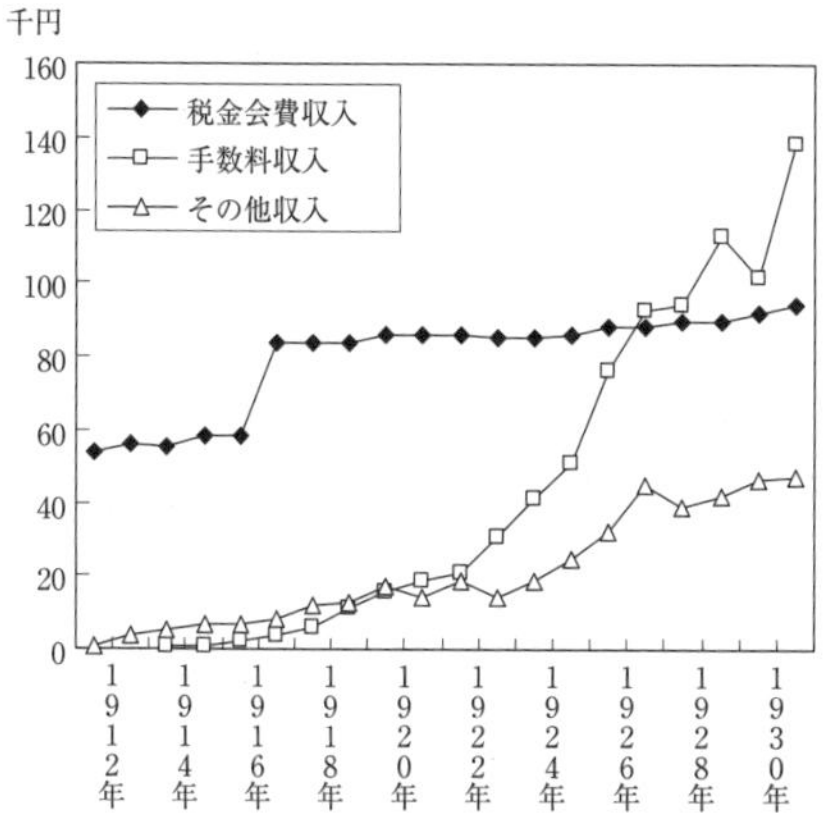


〔図2〕　ジャパン・ツーリスト・ビューローの収益構造推移

景気のなかで「成金」と呼ばれる富裕層が成長してきたことも事実であった。また労働者の賃金も実質賃金ベースで考えると、米騒動の前後の一時期を除けば、国民全体として上昇していた。つまり大戦景気によって国民の生活水準は上昇し、国内における旅行需要が拡大したのである。

外国人観光客の減少と、邦人の旅行需要の増加を受けて、ＪＴＢも邦人向け旅行代理業務の拡大に舵を切ってゆくことになる。また従来の協賛企業から支払われる会費に依存する経営から、みずから旅行をプランニングして鉄道切符や旅館予約の斡旋をおこなう「代売斡旋事業」

を中心とした業態に変化していった。ＪＴＢは一九二五（大正一四）年の日本橋三越における営業所開設をはじめ、全国の百貨店等に営業所を開設し、国内旅行者向けのチケット販売を開始した。その結果、図2にみられるように、ＪＴＢの収入に占める代売手数料収入は年々の増加をみせ、一九二七（昭和二）年には会費収入を超える主要な収入源となったのである。こうしてＪＴＢも政府系の観光広報機関といった性格から、みずから収益活動をおこなう旅行会社としての性格を備えるようになっていった。

## 豪華客船による世界一周

国内の旅客斡旋として鉄道と同様に、海運会社の旅客業務の斡旋もこの時期活発化した。日本の海運業は第一次大戦期に急成長したが、終戦後の反動恐慌で貿易向けの需要が激減したため、あらたに旅客向けの需要開拓の必要性が高まったという海運会社側の事情も存在した。ＪＴＢが最初に邦人向け乗船券代売を開始したのは一九一六（大正五）年の大阪商船の乗船券代売からである。写真4は一九三九（昭和一四）年に進水した大阪商船の豪華客船「あるぜんちな丸」「ぶらじる丸」による世界一周旅

〔写真4〕 世界一周旅行のパンフレット

行のパンフレットである。

当時の世界一周航路の概略は、横浜→名古屋→四日市→神戸→香港→新嘉坡（シンガポール）→古倫母（コロンボ）→ダーバン→ケープタウン→リオデジャネイロ→サントス→リオ・グランデ→モンテビデオ→ブエノスアイレス→ベレン→クリストバル→バルボア→ロスアンゼルス→横浜というものであった。旅程は八九日間、料金は二七二一～五九八九円（その他観光費用概算四七〇〇円）であり、今日の物価に換算すると六〇〇〇万円以上の豪華旅行であった。パンフレット巻末の「主要代理店」のなかにトーマス・クック社、アメリカン・エキスプレス社とならんでジャパン・ツーリスト・ビューローの名が記載されている。

### クーポン式遊覧券の発売

戦前のＪＴＢが生み出した代表的サービスとして、クーポン式遊覧券の発売があげられる。これは国内パック旅行のはしりとなった。それまでの旅行では、旅程に必要な船賃、鉄道運賃、宿泊代などの料金を個別に支払う必要があったが、ＪＴＢは一九二五（大正一四）年に、旅行者が出発以前に遊覧コースで必要な各種切符・宿代等を一括購入できるクーポン式の遊覧券を発売したのである。切り離し可能なこの遊覧券は「クーポン」と名づけられた。本来英語における coupon は有価証券の利札（この利札は切り離すことができる）のことを指すのであるが、ビューローが遊覧券を「クーポン」と称したことから、日本では切り離し可能な商品券の類を「クーポン券」と呼ぶようになったのである。

写真5は、一九三一（昭和六）年に発行された『遊覧券の栞《しおり》』で、箱根、伊豆、富士五湖、伊勢、台湾などの当時の国内観光地一〇地域について、それぞれの遊覧コースとクーポンの価格案内が記されている。クーポンで購入すると合計の交通料金が一

〔写真５〕　遊覧券の栞

～二割ほど割引されるほか、団体・学生・小児割引が設けられていた。また乗り物傷害保険（一人三〇〇円）の無料提供と、旅館において「茶代（チップのこと）」が不要であることが記されている。こうして旅行代理店の窓口で旅の全行程の切符を購入する、パック旅行のスタイルが日本でも登場したのである。

### 旅行文化の振興
#### ――日本旅行協会と日本旅行倶楽部

旅行会社としての事業を進めるなかで、ＪＴＢはパンフレットから旅行ガイドをはじめとする様々な出版物を刊行し、国内旅行文化の涵養につとめた。表1はＪ

ＴＢが一九三四（昭和九）年に販売していた図書類の目録である（一部表現を簡略化）。時刻表、地図類、絵葉書・写真帳、ガイド類、雑誌等が当時から販売されていたことがわかる。設立当初の目的であった外国人観光客向けの英文ガイドや地図の発行のほか、スキーや登山などのレジャー旅行の案内、中国東北部（満州）や朝鮮などといった当時日本の影響力下にあった地域への案内も注目される。また時刻表は、日本旅行文化協会が一九二五（大正一四）年より発行していたものを引き継ぎ、現在のＪＴＢ時刻表に続いているものである。

雑誌類の項目に『旅』があるが、ＪＴＢは一九三四（昭和九）年に国内旅行利用者団体である「日本旅行協会」の事業を吸収し、協会の機関誌であった『旅』の刊行を継承することになった。『旅』は、一九二四（大正一三）年四月に日本旅行文化協会（「文化」の文字は一九二六年十一月二五日付けで外された）によって創刊された旅行者雑誌であった。創刊号（写真６）の日本旅行文化協会会長、野村龍太郎の巻頭文を一部抜粋する。

自然児としての日本人の生活が最も克く表明されているのは近時各所に勃興する

**(A)時刻表**

汽車時間表
京阪神からの汽車時間表
英文汽車時間表
ポケット汽車時刻表

**(B)地図類**

国有鉄道線路図
東京から一、二泊名勝案内図
大阪から一、二泊名勝案内図
英文日本地図
英文自動車道路図関東ノ部
英文自動車道路図関西ノ部
英文横浜地図
英文神戸地図
欧羅巴交通全図
満州国地図
東京観光図
最新満州国地図
白馬岳及立山近傍図
槍ヶ岳乗鞍近傍図
富士山近傍図
箱根近傍図
赤石岳近傍図
白根山近傍図
三浦半島地図
房総半島地図
関東地方図（北部・南部）
名古屋地方図
京阪地方図
東京西部近傍図
大峰山脈大台ヶ原近傍図
赤倉近傍図
英文満州地図
新鉄道地図
近畿関西旅行案内図
新鉄道線路図
新大東京全図
奥秩父大菩薩登山図
武州御嶽大菩薩嶽登山図
エクスカーション・マップ

**(C)絵葉書・写真帳**

日本風景の粋
山水名光
日本風景写真帳
美しの山水
山の魅惑
白銀の上越
日本風景風俗絵葉書
日本風景絵葉書
日本風俗絵葉書
十和田風景絵葉書
満州国概観
満州グラフ
東京絵葉書

**(D)案内記類**

日本名所集
山へ
スキーへ
英文日本案内
英文支那案内
鉄道旅行案内
温泉案内
日本案内記（関東編）
日本案内記（東北編）
日本案内記（中部編）
日本案内記（近畿編上）
日本案内記（近畿編下）
日本案内記（中国四国編）
神まうで
お寺まいり
旅程と費用概算
クーポン旅館案内
温泉研究
奉山線案内
京図線案内
満州鉄路案内
敦化、図門鉄道の完成と日満関係
満州読本
最新満州国案内
欧米留学案内（欧州の部）
欧米留学案内（米国の部）
欧州旅行案内
米国旅行案内
国立公園案内
大東京案内
中部日本スキー、スケート場案内
中部日本温泉案内
日本アルプス登山要項
スキー地案内
ポケット旅館案内
観光の日本と将来
朝鮮ってどんなとこ
新満州国見物
テリーの英文日本案内
奉吉線案内

**(E)月刊雑誌**

旅行日本
旅行満州
温泉
旅
旅の友

**(F)雑**

旅行日本綴込表紙
ツーリスト倶楽部徽章
郷土玩具番付
満州国年報

〔表1〕 JTBの図書目録（昭和9年）

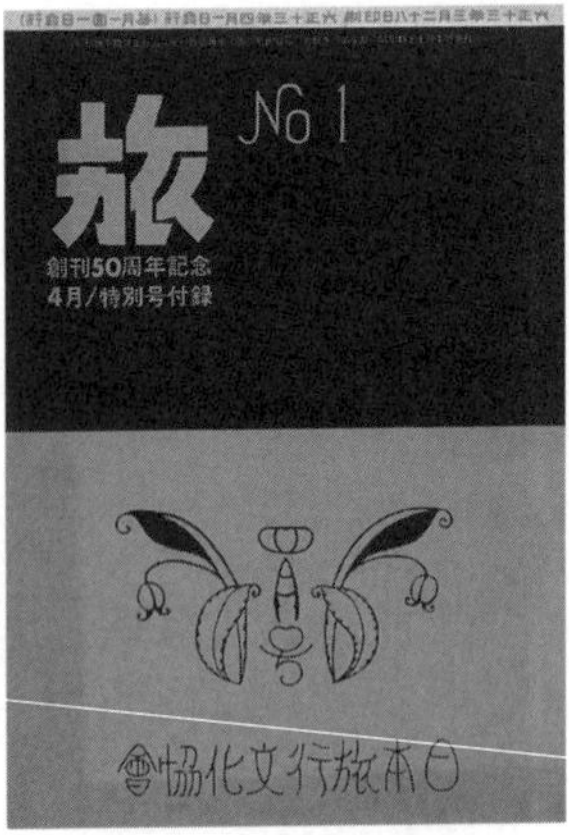


〔写真６〕『旅』の創刊号

旅行熱と之に関連する旅行団体の組織とである。然るにその多くは唯単なる興味として以外何等定見なきものであり、且旅行関係営業者の為にその射利に利用されるの傾向を認めないようにはいかないような結果となった。これ実にその指導機関を欠くに起因するものにして、今日に於いて営利を目的とせざる此の種の指導機関の必要性益々切なるものにあるを認むる次第である……

盛り上がる旅行熱のなかで、旅行者を悪質な事業者から保護する情報提供をおこない、また「旅」を単なる物見遊山に終わらせずに文化として興隆することが理念として提示されている。旅行者を悪徳な業者から守ることは当然として、単なる興味として旅行することにまで口出しするのはどうかとも思われるが、今日と違い「内需拡大」などというスローガンのない時代のこと、国民の旅行を奨励するには、少なくとも「文化の涵養」という程度のお題目は必要であったということなのだろう。創刊号では私小説文学で名高い田山花袋《たやまかたい》らが寄稿したほか、生方敏郎など、多くの作家、ジャーナリスト、文化人が旅に関わる紀行文、和歌、詩歌を寄稿している。広告欄には日本郵船、大阪商船、京阪電車、南海電車、秩父鉄道、揖斐川電気株式会社、南満州鉄道株式会社などが路線や旅行プラン付の広告を提供している。

なお、日本旅行協会の吸収によって、ジャパン・ツーリスト・ビューローは日本名を「日本旅行協会」と表記するようになった（英文表記は変わらず）。邦人旅客向けに事業方針を転換したＪＴＢにとっては、ふさわしい組織名であったといえるだろう。雑誌『旅』はその後も戦時中の休刊をはさんで二〇〇三年までＪＴＢ系列で発刊された、国内でも最も長い歴史を持つ旅行雑誌であった。戦後の連載のなかではトラベル・ミステリーの名作、松本清張『点と線』が一九五七～五八年にかけて連載され、好

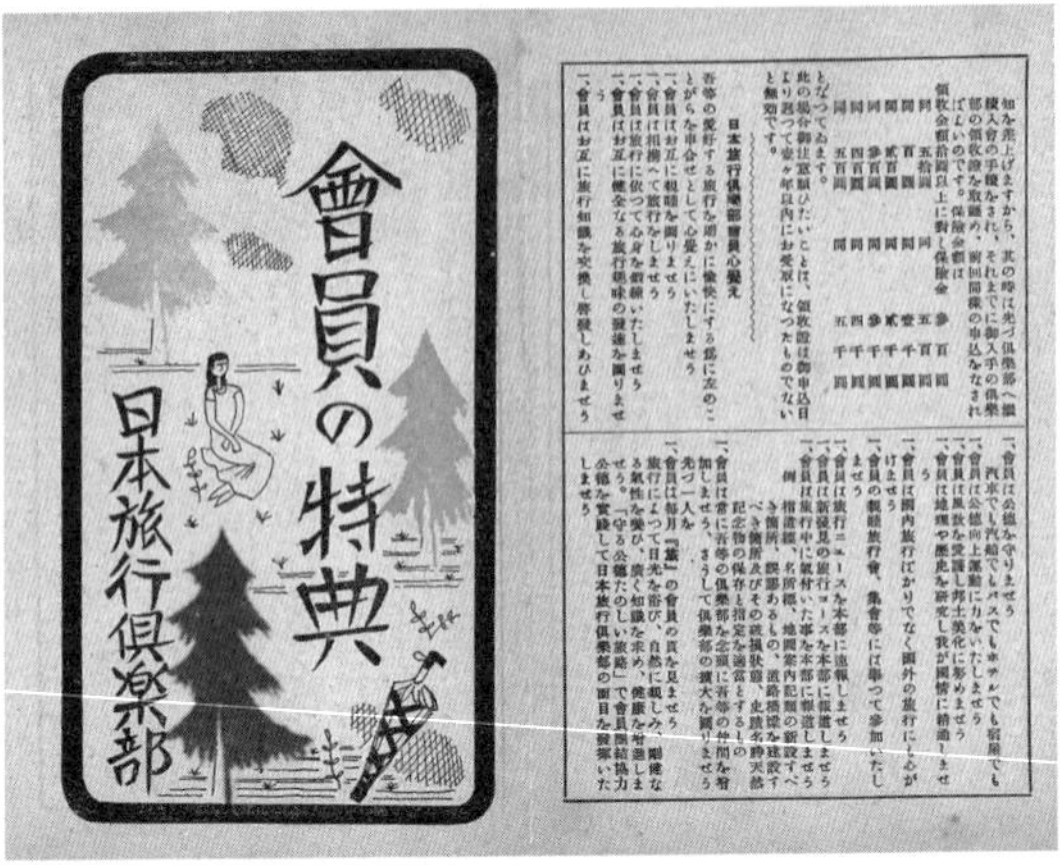

知を差上げますから、其の時は先づ倶樂部へ繼續入會の手續をなされ、それまでに御入手の倶樂部の領收證を取纏め、前回同様の申込をなさればよいのです。保險金額は

領收金額拾圓以上に對し保險金　參百圓
同　五拾圓　同　五百圓
同　百圓　同　壹千圓
同　貳百圓　同　貳千圓
同　參百圓　同　參千圓
同　四百圓　同　四千圓
同　五百圓　同　五千圓

となつてゐます。

此の場合御注意願ひたいことは、領收證は御申込日より起つて壹ヶ年以内にお受取になつたものでないと無効です。

日本旅行倶樂部會員心覺え

吾等の愛好する旅行を朗かに愉快にする爲に左のことがらを申合せとして心覺えにいたしませう

一、會員はお互に親睦を圖りませう
一、會員は相携へて旅行をしませう
一、會員は旅行に依つて心身を鍛練いたしませう
一、會員はお互に健全なる旅行趣味の發達を圖りませう
一、會員はお互に旅行知識を交換し啓發しあひませう

一、會員は公徳を守りませう
　汽車でも汽船でもバスでもホテルでも宿屋でも
一、會員は公徳向上運動に力をいたしませう
一、會員は風致を愛護し郷土美化に努めませう
一、會員は地理や歴史を研究し我が國情に精通しませう
一、會員は國内旅行ばかりでなく國外の旅行にも心がけませう
一、會員の親睦旅行會、集會等には奮つて參加いたしませう
一、會員は旅行ニュースを本部に通報しませう
一、會員は新發見の旅行コースを本部に報道しませう
一、會員は旅行中に氣付いた事を本部に報道しませう
　例　指道標、名所標、地圖案内記類の新設すべき個所、誤謬あるもの、道路橋梁を建設すべき個所及びその破損状態、史蹟名勝天然記念物の保存と指定を適當とするもの
一、會員は常に吾等の倶樂部を念頭に吾等の仲間を増加しませう、さうして倶樂部の擴大を圖りませう
先づ一人を
一、會員は毎月『旅』の會員の頁を見ませう
旅行によつて日光を浴び、自然に親しみ、剛健なる氣性を養ひ、廣く知識を求め、健康を増進しませう。「守る公徳たのしい旅路」で會員團結協力公徳を實踐して日本旅行倶樂部の面目を發揮いたしませう

〔写真7〕　日本旅行倶楽部の優待券

評を博した。（『旅』は、二〇〇三年に休刊されたのち、二〇〇四年から新潮社によって発行されている）。

また旅行文化振興の一環として旅行者団体の組織化も進められた。一九二〇（大正九）年には「日本旅行倶楽部」と呼ばれる旅行者団体が存在していたが、日本旅行協会とJTBの合併を機に、この倶楽部も関連組織として整備された。会員には雑誌『旅』の割引購読や旅行傷害保険の無料サービスなどが提示されている。写真7は一九三五（昭和一〇）年前後のパンフレットであるが、倶楽部の会員心得が記されているので、一部紹介してみよう。

一、会員はお互いに親睦を図りましょう
一、会員は相携えて旅行をしましょう
一、会員は旅行によって心身を鍛錬いたしましょう
一、会員はお互いに健全なる旅行趣味の発達を図りましょう
一、会員はお互いに旅行知識を交換し啓発しあいましょう
一、会員は公徳を守りましょう
一、会員は公徳向上運動に力をいたしましょう
一、会員は風致を愛護し邦土美化に努めましょう
一、会員は地理や歴史を研究し我が国情に精通しましょう
一、会員は国内旅行ばかりでなく国外の旅行にもこころがけましょう
(以下略)

心身の鍛錬や「国情に精通」など、なかなか堅苦しい内容も多いが、当時の旅行文化振興の内容を示している文章として興味深い。もう一つ興味深いのが、写真8であ

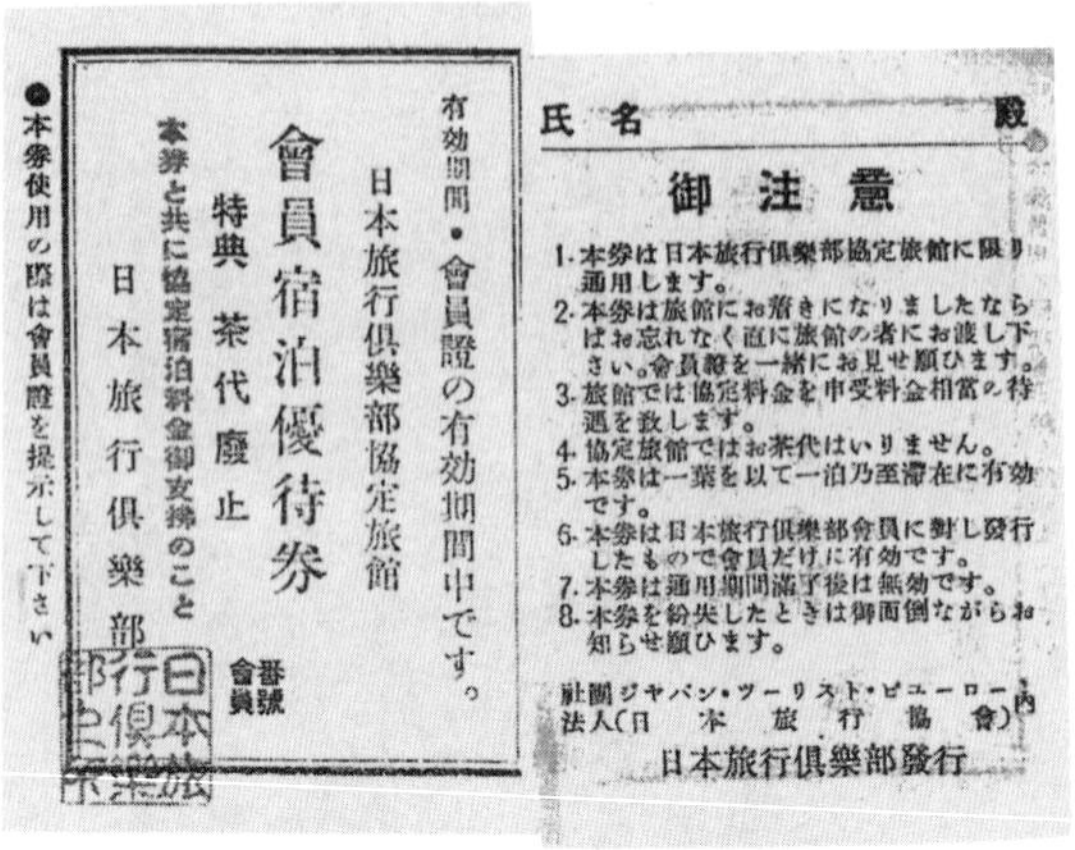

有効期間・會員證の有効期間中です。

日本旅行俱樂部協定旅館

會員宿泊優待券

特典　茶代廢止

本券と共に協定宿泊料金御支拂のこと

日本旅行俱樂部

番號
會員

●本券使用の際は會員證を提示して下さい

氏名　殿

御注意

1. 本券は日本旅行俱樂部協定旅館に限り通用します。
2. 本券は旅館にお着きになりましたならばお忘れなく直に旅館の者にお渡し下さい。會員證を一緒にお見せ願ひます。
3. 旅館では協定料金を申受料金相當の待遇を致します。
4. 協定旅館ではお茶代はいりません。
5. 本券は一葉を以て一泊乃至滞在に有効です。
6. 本券は日本旅行俱樂部會員に對し發行したもので會員だけに有効です。
7. 本券は通用期間満了後は無効です。
8. 本券を紛失したときは御面倒ながらお知らせ願ひます。

社團法人ジヤパン・ツーリスト・ビユーロー内（日本旅行協會）

日本旅行俱樂部發行

〔写真８〕　日本旅行倶楽部の優待券

る。これは日本旅行倶楽部の会員が協定旅館に宿泊する際、茶代廃止の恩典が受けられることを示す優待券である。近年の日本は、海外と異なりチップ不要の国と考えられているが、江戸期から戦前期にかけて、旅館宿泊の際には「茶代」「茶料」と称するチップを支払うことが一般的であった。明治時代には東海道筋の旅館において、宿泊代の約三〇％に相当する「茶代」を支払っている記録をみることができる。こうした旅館業の会計の不透明性は、しばしばトラブルの元になっており、外国人旅行者や文化人からもその問題を指摘されていた。日本旅行倶楽部では雑誌『旅』などの機関誌において

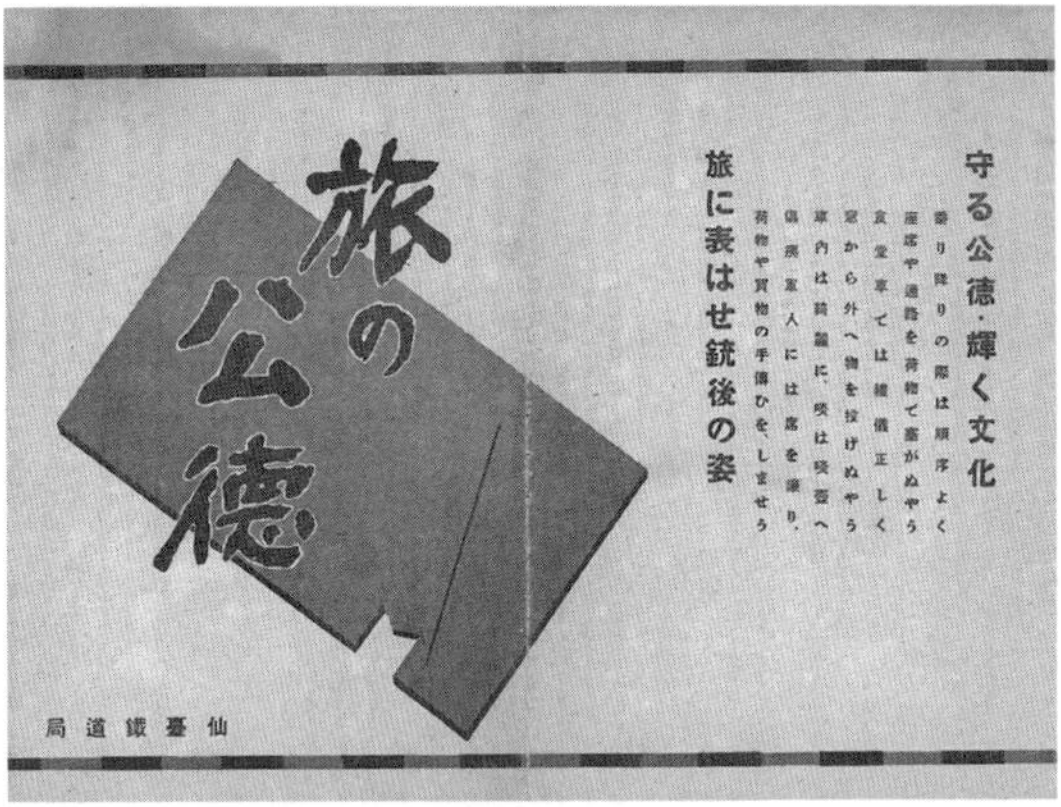


〔写真9〕 国内の旅行パンフレット

協定旅館の宣伝をおこなう一方、こうした旅館における「茶代」を廃止する方向に向けてゆくことで料金体系の透明化を進めたのであった。

## 戦時下の旅行業

第一次大戦の終戦後、順調な発展を見せた日本の旅行業界であったが、一九二九（昭和四）年に発生した世界恐慌による経済の停滞、さらに満州事変勃発による中国情勢の悪化は、再び日本の旅行産業に暗い影を落としはじめる。一九三七（昭和一二）年に日中戦争がはじまると、外国人観光客は減少に転じ、また国民の旅行についてもさまざまな制約が生じるようになってきた。写真9は、仙台鉄道局が発行したパンフレットであるが、「守る公徳・輝く文化」、「旅に表はせ銃後の姿」といった標語に続いて次のような文面が載せられている。

鉄道省に於きましては、我々国民として、肇国三千年に垂んとする我が国文化の基調たるべき日本精神を正しく再認識する為全国民の各人が光輝ある祖国の真締《しんてい》を体得すると同時に、多面、何時如何なる難局に直面しても、決して屈することのない精神力と肉体力とを養成することの必要を一層痛感して、事変発生以来、専ら敬神崇祖、祖国認識、心身鍛錬の三つを標榜し、祖先の往昔を顧みると共に、愛国の熱情に拍車をかけ、敬虔な気持ちを持しつつ、質実剛健の習性を涵養《かんよう》すべく、旅行に対する在来の誤れる観念を是正することに努めて来たのであります。これを統合して旅行文化の昂揚と云ふことを指標としているのであります。（中略）つまり旅行は文化を昂め、その国土の本然の姿を如実に識る最もよき手段であり、従って之が単なる遊覧となって、無意義なものと化したり、逸楽となって不謹慎なものに堕することは厳にこれを戒め、先の三つの目標を目指すことにより、在来の旅行に関する通念を粛清することも出来、同時に、精神的と肉体的との鍛錬にも資し、国を挙げて戦線の力闘、銃後の活躍、或いは又大陸の建設に勇往邁進し得る心身両方の準備態勢を整え得るのではなかろうかと、考えるのであります。

ここまで来ると堅苦しさも本格的である。つまりそれまでの娯楽としての旅行を「誤れる観念」として否定し、旅行の目的は、①祖先に対する敬愛の念を深め、②国土（植民地、実効支配地域を含む）への認識を深め、③心身を鍛錬する（軍事教練の補助的位置付け）目的において、はじめて肯定されるものとされているのである。またパンフレットでは青年徒歩旅行についてもふれられており、登山、スキー、スケート、ハイキング等を「国民精神訓練の糧」と位置づけている。戦時下にあって、国民の娯楽も軍事教練的文脈のなかに位置づけられてゆく過程をみることができる。日本旅行協会も一九四二（昭和一七）年に会費制による運営を中止し、鉄道省単独出資による「財団法人東亜旅行社」と改組（その後四三年に「東亜交通公社」に）され、ＪＴＢの英文表記は一時途絶えてしまうことになる。ただ経営面では国策機関となることで、海外での事務所展開が活発化し、特に大陸・南方を中心に一九四三年末には国内外に二

〔写真10〕　鎌倉一日観光の案内書

二七箇所の事務所網を形成するに至ったのであった。

## 慰問としての「旅」

アジア・太平洋戦争がさらに進行し、日本の戦況が悪化してゆくにつれ、国民に対する旅行・娯楽に対する制限は一層の厳しさを増していった。写真10は一九四三（昭和一八）年に発行された、鎌倉の一日観光の案内書である。表紙裏には「横須賀鎮守府許可済」の印があり、この案内が検閲を経て横須賀の軍施設内部で販売されていたことをうかがうことができる。著者は鶴岡八幡の宮司であり、冒頭の「発刊のことあげ」によれば、鶴岡八幡をはじめとする鎌倉へは、軍人が慰問で訪れることが多く、こうした人々への一助として一日で鎌倉の歴史・名所・国宝等を見聞できる案内を作成したものであるとされている。出撃を控え、故郷に戻る余裕もない兵士達が、こうした案内を片手に出征前のわずかな休暇を過ごしたものと考えられる。

## 戦後の業界復興と「日本交通公社」

敗戦によって東亜交通公社は、一九四五（昭和二〇）年九月、財団法人日本交通公社（JAPAN TRAVEL BUREAU）と改名し再出発することになった。英文表記のＪＴＢの「T」がTouristからTravelに変更されたことは、人の移動が「旅行」という表現で表せないものが多くなった時代を反映していたといえよう。実際終戦直後、ＪＴＢの仕事は中国大陸や朝鮮・台湾・南方・北方領土等から帰国してくる国民の復員・引揚輸送の斡旋業務が中心となる時期が続いた。職員の中にはソ連軍が侵攻中の樺太に留まり、その後長期抑留を受けた者もいたという。この時期のＪＴＢは国鉄の乗車券の販売代行などが収入源となっていたが、一九四九（昭和二四）年のドッジ・ライ

〔写真11〕 占領軍向けの日本文化紹介パンフレット

ンによって、この販売代行が禁止されるなどして大幅な組織・人員の縮小を迫られることになった。

こうした苦難の時期のＪＴＢは、日本に進駐してくる占領軍兵士向けの観光パンフレット作成・販売などにより、苦しい経営を続けることになる。写真11は「ツーリスト・ライブラリー」と称された英文の日本文化紹介のパンフレットであり、このなかでは日本の歌舞伎文化とその鑑賞法について、英文で記されている。その他発刊された同シリーズとして「浮世絵」「広重」「着物」「茶道」「日本庭園」「日本建築」が公刊されている。占領軍将校や兵士のなかにはこうしたパンフレットを片手に、占領地日本の文化を楽しんだ者もいたのだろう。このような光景が日本人から見て複雑に映ったことは容易に想像できる。しかし敗戦によって貿易が閉ざされていた期間の日本にとって、占領軍兵士が国内で消費するドル通貨はその後の朝鮮戦争期の特需においても重要な割合を占めており、貴重な外貨収入であったともいえるのである。

## 高度経済成長と海外旅行

講和と復興を経て、日本が戦後の高度経済成長期に入ると、国内の旅行需要は再び増加していった。日本交通公社も国内事業所を中心に事業を拡大し、周遊券の販売などを通じて、国内パッケージ・ツアーの開拓を進めていった。こうした事業拡大のなかで、一九六三（昭和三八）年、それまで公社事業であった日本交通公社は、収益部門を民営化し、株式会社日本交通公社（ＪＴＢ）として再出発することになったのである（現在は株式会社ジェイティービー）。

講和条約締結後も、しばらくの間、日本人の海外渡航は制限されている状態が続い

〔写真12〕「ルック」のパンフレット

ていた。一ドル＝三六〇円という固定為替レートが続いたこともあり、海外旅行は国民にとって一般的な娯楽ではなかったが、一九六四（昭和三九）年に日本がＩＭＦ八条国入りすることにより、海外旅行が原則自由化されることになる。その後、日本人の海外旅行需要は増加を続け、円高を背景に一九七〇年代から九〇年代にかけて、海外旅行の大衆化が進行した。それまで国際収支的観点から、国民の海外旅行奨励に消極的だった日本政府も、アメリカとの貿易摩擦問題が外交問題化してゆくなかで、貿易黒字削減の一環として、国民の海外旅行に好意的な反応をしめすようになった。このように海外旅行熱が盛り上がるなかで、JTBが海外旅行ホールセール商品として「ルック」を登場させたのは一九六八（昭和四三）年のことである。当時は航空会社大手の日本航空がホールセール会社設立を目指していたこともあり、その前途を危ぶむ議論もあったが、しかしJTBは国内陸運大手の日本通運と提携し、独自ホールセール商品「ルック」を販売することで、旅行会社主導の海外旅行ホールセラーのさきがけとなっていったのである。写真12は一九七三（昭和四八）年の「ルック」パンフレットである。紹介されている旅行プランはパリ、ヨーロッパ周遊（四プラン）、アメリカ西部・ハワイ（二プラン）、ニューヨーク、アメリカ周遊、ハワイ（五プラン）、タヒチ、カナダ・アメリカ西部、アラスカ（二プラン）、グアム（三プラン）、香港（二プラン）、韓国、バンコクなどであった。プランにはローンも設定されており、「ルック・ローン」では六〜二四ヶ月均等割賦プランが提示されている。その後「ルック」は第一次オイルショックの影響で一時販売が低迷したが、その後の円高を背景に一九七六（昭和五一）年以降は躍進し、JTBの主力商品としての道を歩むことになる。

# むすび

以上江戸時代後期から第二次大戦後までの日本の「旅」とそれを巡る「旅行産業」の歴史について述べてきた。多くの人々が安心して活発に「旅」をできる社会とは、豊かで安定した社会であるといえる。ただ一方で政府は国民の「旅」について、しばしばある種の思惑をもって対応してきた面も存在する。明治初期や第二次大戦後のような外貨不足期において、政府は内国人よりも外国人観光客誘致を重視する政策を展開した。一方で明治末期から昭和初期にかけての「旅」の振興は、官営鉄道の振興という事情に基づくものであった。戦前の場合、国民の生活水準が上がると賃金水準が上昇し、企業の経済競争力を低下させることを憂慮する側面も存在した。政府による日本の「旅文化」振興の動きはこうした経済政策的脈絡から説明することも可能である。

戦後高度成長を達成した日本では、対外貿易摩擦と円高というあたらしい状況のなかで、かつてないほどの海外旅行ブームを生み出してゆく。生活水準の向上とともに、国内の観光地開発も急速に進んだ観があるが、なかには「リゾート法」による横並び型の観光開発など、バブル崩壊後に問題点が表面化したものも少なくない。とはいえ、製造業の競争力が中国などの新興工業国におびやかされるなかで、海外からの観光客の誘致による観光産業の発展は、今後の日本経済にとっても、あらためて重要な問題になりつつある。国内では若者の海外旅行離れなど、あらたな課題も表面化しつつあるが、旅行産業が今後の日本経済にとって重要な産業であり、その盛衰が日本の経済・社会の豊かさを測る一つのバロメーターであるという評価は当面ゆらぎそうもない。

## ■参考文献


金森敦子『江戸庶民の旅』（平凡社新書、二〇〇二年）

神崎宣武『江戸の旅文化』（岩波新書、二〇〇四年）

今野信雄『明治大正昭和の旅――日本人の旅行一〇〇年史』（旅行読売出版社、一九九一年）

原田勝正『鉄道と近代化』（吉川弘文館、一九九八年）

野田正穂・原田勝正・青木栄一・老川慶喜編『神奈川の鉄道一八七二―一九九六』（日本経済評論社、

一九九六年）

日本交通公社社史編纂室『日本交通公社七十年史』（一九八二年）

# 4

# 日露戦争で死亡したロシア軍人の墓と記念碑を訪ねる旅

大谷　正

## はじめに――「敵」の顔と戦死者追悼

日露戦争で死亡したロシア軍人、つまり日本軍にとっては「敵」にあたるロシア軍人の墓を調べるため私がおこなった旅について紹介し、なぜこんな旅を思いついたのか、そこで何を見て、何を考えたのかを説明することから話をはじめたい。

二〇世紀のはじめ、一九〇四年～一九〇五年の間に戦われた日露戦争から百年が過ぎた。日露戦争は第一次世界大戦の原因になり、二〇世紀の世界の形を作った戦争という意味でも興味を持たれている。近年、ある米国の学者は「未発の世界大戦」、つまり「第〇次世界大戦」として日露戦争を歴史の中に位置づける見方を提案し、その結果、「第〇次世界大戦」という新しい呼称が広まっている。

「世界大戦」とは、多くの国々や地域が参加した、人類が経験したことのない大規模な戦争を言う。当然、多くの人々が犠牲になり、多数の戦死者や負傷者や病人（その結果として膨大な数の障害者）、飢えた人々が生じ、戦争の過程で捕虜の虐待、ジェノサイドがあった。人類発生以来の戦争による犠牲者の半数以上が二〇世紀に発生したとも言われる。こんな異常なことが起こった理由の一つは、この時代に国家の力が強まり、いままで職業軍人＝専門家の仕事だった戦争に、大量の国民、つまり素人兵士が動員されたからである。国は自国民を万、十万、時には百万、あるいはそれ以上の単位で死に追いやることができるほどの力を持つようになり、その結果、戦争の様相が変化した。はじめに「敵」の顔、国家と戦死者追悼という二つの問題にしぼって問題点を指摘したい。

「敵」とはなにか？　世界大戦では、特定の外国とその国民は「敵」になった。「敵」は姿こそ人間に近いが、人間でない絶対的な悪と考えられた。平時に殺人を禁じられた素人が、戦時には殺人、時には大量殺人をおこなったのは、教育と宣伝によって、「敵」＝絶対悪、だから「殺すべし」という信念を身につけたためである。社会学者サム・キーンの『敵の顔』（柏書房）はこの問題に関する必読文献である。一方、一九世紀ヨーロッパの職業軍人にとって、他国の軍人は同業の仲間であった。戦時は敵となるが、仕事として戦争と殺人をおこなうので、敵は絶対悪ではなく、平和になれば友に戻ることもあった。

実は違った意味で、日本には近代ヨーロッパと別の「敵」観念があった。中世・戦国時代の戦争は悲惨であったが、戦争が終わると敵・味方や人間・動物の区別なく供養した。仏教的輪廻思想、因果応報論と民間習俗の影響と考えられる。例えば、密教の真言宗では「怨親平等《おんしんびょうどう》」を強調し、高野山には島津氏の建立した秀吉の朝鮮侵略（文禄・慶長の役）で犠牲となった日本・朝鮮・中国三国の犠牲者を供養する敵味方の碑がある。同じ高野山の宿坊常喜院の境内には、日露戦争後に日露両国の戦没者を供養する如意宝珠塔が建立され多数の参詣者があったという。靖国神社は、味方だけ、国事殉難者と官軍・日本軍の戦没者だけを祀る施設で、この点だけでも靖国は神社の形を取りながらも非日本的・反伝統的で、逆に西欧的・近代的な追悼施設と共通なところがあり、それゆえに却って古い日本人の心性にピッタリとこないところがあるとの意見がある。

次に国家と戦死者追悼について一つの事例を挙げたい。ナポレオン軍とイギリス・オランダ・プロシア連合軍が闘ったワーテルローの戦いは有名であるが、著名な戦争研究者キーガンのBBC講演記録『戦争と人間の歴史』（刀水書房）には、敵味方の区別なく戦死者の遺体は競売に掛けられ、買い取った商人はそれを肥料にしたと書かれている。つまりこの頃まで、貴族金持ち出身の将校を除くと、一般兵士の遺体はゴミ扱いされた。ところが国家がつぎつぎと国民の命を奪うと、国家には戦没者を追悼する義務が生じた。一九世紀をつうじて戦没者の「地位」の向上したこと、第一次世界大戦後に戦没者追悼のピークがあったこと、そして不適当な戦没者追悼の盛行がナチス誕生に一役買ったことを、モッセの著書『英霊』（原題は *Fallen Soldiers*、邦訳は柏書房）が指摘している。

百年前の明治時代の日本人が「敵」をどのように見ていたのか、戦死者追悼ということをどう考えていたのか、それがロシア人の墓にどう表現されているのか、そのことの意味を調べる旅におつきあい願いたい。

## 日露戦争における戦没日本兵の墓と記念碑

ロシア軍人の墓と記念碑について考える前提として、日本側の戦没者の扱い方についても、比較検討する意味で最初に確認しておく必要がある。これに関する最新のコンパクトな記述は、原田敬一「慰霊の政治学」（『日露戦争スタディーズ』、紀伊國屋書店）に見られるので、以下この研究から要約して引用しよう。

日露戦争における日本軍の戦死者（戦傷死、戦病死等を含む）は八万四千人であった。陸軍死亡者は一九〇四年五月三〇日制定の「戦場掃除及戦死者埋葬規則」、海軍死亡者は「戦時海軍死亡者取扱規則」（日清戦時の一八九四年九月二一日制定）に従って扱われた。陸軍の場合、遺骨は現地で火葬の上、内地に還送され遺族に引き渡すのが原則だった。しかし大量の遺体を個別に火葬した例は少なく、引き渡された遺体が本人のものでない場合が多く、また砂や小石が箱やハンカチに入れられていた例があったという。遺骨（時には砂や小石）を受け取った遺族は郷里の墓地に戦没兵士の墓標を建立した。

一九〇六年、軍隊の凱旋とともに、「日露戦争の火葬遺骨とその残灰は、各地の陸軍埋葬地に合葬墓として葬られ」た。日清戦争の場合は陸海軍の墓地に、官位・勲功・氏名・死亡年月日が刻まれた個人墓あるいは合葬墓が建設されたが、日露戦争では人数が多すぎたため、氏名等を合葬墓に刻まないのが主流だった。戦場に残された遺骨・残灰については、東郷平八郎海軍大将と乃木希典陸軍大将の主唱で、旅順白玉山に納骨堂と忠魂碑を建設する運動が始まり、募金二六万円が集まり、一九〇七年に起工、まず一九〇八年三月三〇日に納骨堂が完成、翌年一一月二八日に巨大な表忠塔の

旅順白玉山の表忠塔（『最新満州写真帳』1939年）

落成式がおこなわれた。旅順の他に大連、遼陽、奉天、安東にも納骨施設と記念碑を兼ねた忠霊塔が建設され、これらを保存管理するために一九二三年南満州納骨祠保存会が結成され、軍から管理を引き継いだ。

つまり、日露戦争の戦没者については、郷里の個人墓以外に、「陸（海）軍墓地に、階級ごとに分けられた合葬墓、戦場である満州地域に納骨祠」が建立されたが、いずれも誰が葬られているかはそれ自体からは分からず、知っているのは遺族のみであり、後年編纂された『靖国神社忠魂誌』で確認する以外手段がなかった、と原田は述べる。この他、師団や連隊所在地には戦捷あるいは凱旋記念碑が、各町村の小学校や鎮守の境内に忠魂碑・表忠碑と称する戦没者追悼施設が建立され、各府県の護国神社と東京九段の靖国神社に戦没者は「英霊」として祀られ、これらを併せて日露戦争戦没者の慰霊・追悼の体系が整備された。しかし現在の研究では、日露戦争の記憶が日本の国家と社会によって大々的に想い出されるのは一九三〇年代半ば以降だと指摘され、それまでの三〇年間に上記の諸施設が国民の間で、遺族の間で、どのように認識され、どのような追悼行事がおこなわれたのか、あるいはおこなわれなかったのか、という実態の究明は今後の研究に待たねばならない。

## 日露戦争とロシア軍人捕虜

つぎに本論にあたる日露戦争で死亡したロシア軍人の墓の問題に入る。日本国内のロシア軍人墓は、①国内の捕虜収容所で死亡した捕虜の墓、②何度かの日露間の海戦の際、日本海軍に収容されたロシア側の戦死者あるいは収容後捕虜収容所に移送する前に死亡した者を埋葬した墓（佐世保、対馬、舞鶴、長崎にある）、③日本海海戦後、日本海沿岸地域に漂流・漂着した遺体を各地で適宜埋葬した墓の三種類に大別できる。数的には①が最多なので、①を中心に叙述を進め、②と③に関しても必要に応じて言及する予定である。

日露戦争は二〇世紀最初の帝国主義国間の戦争である。日本政府は赤十字条約と第一回ハーグ万国平和会議（一八九九年）で採択された戦時国際法に関する諸条約（最も有名で重要なのが、「陸戦ノ法規慣例ニ関スル協約」）と諸宣言の遵守を約束し、日本国内に約七万人の捕虜（当時は「俘虜」と公式に称していた）を収容した。

日露戦争中のロシア人捕虜に関する基礎的文献に、陸軍省蔵版『明治三十七八年戦役俘虜《ふりょ》取扱《とりあつかい》顛末《てんまつ》』（有斐閣、一九〇七年一二月一日発行、本文二四四頁、付録六九頁、以下『顛末』と略称）がある。これに序文を寄せた陸軍大臣寺内正毅は、「俘虜ノ待遇ハ戦地竝《ならびに》内地ニ於テ啻ニ海牙《ハーグ》条約赤十字条約ノ規定ヲ厳格ニ遵守シ開戦後直ニ俘虜情報局ヲ開設シ（中略）俘虜ノ給養、衛生部員ノ待遇、敵国戦死者ニ関スル処置及通報ノ如キ赤十字条約及海牙条約規定以上ノ優待ヲ与ヘタルコト多ク」と日本軍の国際法遵守を強調した。

　具体的には、宣戦布告直後の一九〇四年二月一四日、陸軍および海軍における俘虜取扱規則（陸軍省達第二十二号と海軍省達第三十三号）を制定し、その後、実際に捕虜を内地収容所に収容する事態が発生すると俘虜取扱細則、俘虜収容所条例、俘虜労役規則、俘虜処罰規則、俘虜自由散歩及民家居住規則などが制定された。また捕虜情報局を二月二一日に設置、同月二六日付で俘虜情報局長官石本新六陸軍中将以下の事務官が任命され、二九日から陸軍省内に開設された俘虜情報局が事務を開始した。

　俘虜情報局は陸海軍の関係官衙から得た八万名近い捕虜の情報を確認の上、一〇日毎に情報をロシア政府に伝達し、捕虜死亡者の遺留品の遺族への送付、捕虜宛ての「贈与及救恤ノ現品」や郵便物を扱い、さらに死亡したロシア軍人遺族の日本国内や占領

**第1表　収容捕虜数**

| | 捕虜総数 | 戦地における減員 | | 収容数 | 収容所における減員 | | | 引渡員数 |
|---|---|---|---|---|---|---|---|---|
| | | 解　放 | 死　亡 | | 解　放 | 死　亡 | 逃　亡 | |
| 陸軍将校等 | 1,424 | 522 | 18 | 884 | 0 | 2 | 2 | 880 |
| 海軍将校等 | 823 | 254 | 4 | 565 | 5 | 4 | 5 | 551 |
| 陸軍下士卒 | 61,774 | 3,940 | 1,366 | 56,468 | 99 | 290 | 107 | 55,972 |
| 海軍下士卒 | 15,346 | 790 | 65 | 14,491 | 10 | 77 | 5 | 14,399 |
| 合　計 | 79,367 | 5,406 | 1,453 | 72,408 | 114 | 373 | 119 | 71,802 |

地に埋葬された遺体を発掘して故国に持ち帰りたい旨の希望に対して対応した。現在、外務省外交史料館に所蔵されている『外務省記録』中の『露国軍人埋葬関係雑纂』第一巻(明治大正五・二・九・一二)には、ロシア側遺族から外務省経由で俘虜情報局に寄せられた遺体発掘を依頼する関係文書がつづられており、貴族・有力者に属する将校のかなりの数の遺体が戦争終了後発掘の上、故国ロシアに持ち帰られたことが分かる。後述する松山ロシア軍人墓地のボイスマン海軍大佐の遺体も、発掘され持ち帰られた例である。

捕虜の情況を数字面から概観するために、『顛末』およびその他の資料から第1表「収容捕虜数」と第2表「収容所別捕虜数（一九〇五年一一月一〇日現在）および陸軍墓地等に埋葬されたロシア兵の墓標

**陸軍墓地等に埋葬されたロシア兵の墓標に関するデータ**

| 開設／閉鎖　年月日 | 1909年調査時の埋葬数 | | | 墓標・記念碑の現状 |
|---|---|---|---|---|
| | 陸軍 | 海軍 | 合計 | |
| 1904.3.18　／1906.2.20 | 92 | 6 | 98 | 個人墓98 |
| 1904.7.22　／1906.1.27 | 1 | | 1 | 個人墓１ |
| 1904.8.1　／1905.12.28 | 5 | 1 | 6 | |
| 1904.9.9　／1906.1.6 | 4 | | 4 | 個人墓１ |
| 1904.11.28／1906.2.17 | 15 | | 15 | 個人墓15　記念碑１ |
| 1904.12.14／1906.1.18 | 1 | | 1 | |
| 1905.1.10　／1905.10.24 | 28 | 3 | 31 | |
| 1905.1.10　／1906.2.20 | 62 | 27 | 89 | 個人墓89　記念碑２ |
| 1905.1.10　／1905.10.29 | 3 | | 3 | |
| 1905.1.14　／1906.1.25 | 15 | 1 | 16 | |
| 1905.2.10　／1905.12.26 | 2 | | 2 | |
| 1905.3.12　／1906.2.7 | | | | |
| 1905.3.18　／1905.12.26 | 1 | | 1 | |
| 1905.3.19　／1905.12.30 | 6 | 1 | 7 | |
| 1905.3.21　／1905.11.28 | 6 | 2 | 8 | 個人墓３ |
| 1905.3.22　／1906.1.20 | 32 | 2 | 34 | 記念碑１ |
| 1905.3.26　／1905.12.11 | 11 | | 11 | 個人墓10 |
| 1905.3.29　／1906.1.29 | 5 | 9 | 14 | 個人墓１ |
| 1905.3.30　／1906.1.1 | 3 | | 3 | 個人墓１ |
| 1905.3.31　／1906.2.7 | 3 | | 3 | |
| 1905.4.1　／1905.5.16 | | | | |
| 1905.4.3　／1905.11.28 | 3 | | 3 | 個人墓３ |
| 1905.4.15　／1905.12.8 | | | | |
| 1905.4.26　／1906.1.27 | 3 | | 3 | |
| 1905.4.26　／1905.12.3 | | | | |
| 1905.6.27　／1906.1.10 | | | | |
| 1905.7.24　／1905.12.16 | | | | 個人墓１ |
| 1905.8.10　／1905.12.16 | | | | |
| 1905.8.15　／1905.12.23 | | | | |
| | 305※ | 54※ | 359※ | |

ち、４基は長崎（たぶん悟真寺ロシア墓地）にある。

注（４）ロシア海軍軍人墓標数は、同上所収の、「1909.4.2　小村外相宛斉藤海相書翰」に添付された海軍調査の陸軍墓地に埋葬されたロシア海軍軍人数。但し、54基のうち２基は浜田の陸軍墓地に埋葬されている。合計欄のロシア陸海軍軍人墓は353基の筈だが、注（３）と注（４）から、４基＋２基を加えると、359基になる。

**第2表　収容所別捕虜数（1905年11月10日現在）および**

| | 将校 | | 下士卒 | | |
|---|---|---|---|---|---|
| | 陸軍 | 海軍 | 陸軍 | 海軍 | 合計 |
| 松　山 | 188 | 127 | 1367 | 481 | 2163 |
| 丸　亀 | 0 | 0 | 349 | 0 | 349 |
| 姫　路 | 0 | 0 | 1760 | 424 | 2184 |
| 福知山 | 0 | 0 | 390 | 1 | 391 |
| 名古屋 | 111 | 52 | 3609 | 20 | 3792 |
| 静　岡 | 158 | 0 | 161 | 0 | 319 |
| 似　島 | 0 | 0 | 0 | 0 | 0 |
| 浜　寺 | 1 | 50 | 16753 | 5572 | 22376 |
| 大　里 | 0 | 0 | 0 | 0 | 0 |
| 福　岡 | 55 | 1 | 3021 | 972 | 4049 |
| 豊　橋 | 40 | 0 | 752 | 83 | 875 |
| 山　口 | 29 | 0 | 330 | 0 | 359 |
| 大　津 | 0 | 0 | 742 | 8 | 750 |
| 伏　見 | 16 | 97 | 1491 | 107 | 1711 |
| 小　倉 | 20 | 0 | 252 | 755 | 1027 |
| 習志野 | 0 | 0 | 13698 | 1252 | 14950 |
| 金　沢 | 37 | 31 | 3207 | 42 | 3317 |
| 熊　本 | 44 | 1 | 1970 | 3987 | 6002 |
| 仙　台 | 44 | 40 | 2041 | 40 | 2165 |
| 久留米 | 0 | 0 | 2118 | 579 | 2697 |
| 佐　倉 | 0 | 0 | 0 | 0 | 0 |
| 高　崎 | 22 | 0 | 507 | 2 | 531 |
| 鯖　江 | 20 | 0 | 20 | 0 | 40 |
| 善通寺 | 0 | 0 | 997 | 0 | 997 |
| 敦　賀 | 0 | 0 | 487 | 0 | 487 |
| 大　阪 | 5 | 143 | 0 | 78 | 226 |
| 弘　前 | 29 | 4 | 25 | 3 | 61 |
| 秋　田 | 44 | 0 | 43 | 0 | 87 |
| 山　形 | 21 | 1 | 20 | 0 | 42 |
| 合　計 | 884 | 547 | 56110 | 14406 | 71947 |

注（1）収容所別捕虜数および開設／閉鎖年月日は、陸軍省編『明治三十七八年戦役俘虜取扱顛末』有斐閣、1907年に従う。

注（2）現状は、山辺昌彦「全国陸海軍墓地一覧」『国立歴史民俗博物館研究報告』第102集、および実地調査による。

注（3）ロシア陸軍軍人墓標数は、外務省記録『陸海軍墓地及埋葬関係雑件外国之部（露国）』所収の、「1909.6.24　小村外相宛マレウィッチ駐日ロシア大使書翰」のサモイロフ大佐報告に従う。但し、305基のう

に関するデータ」を作成した。

この二つの表から、捕虜総数は七万九三六七名、その内で日本国内に移されたロシア軍捕虜は七万二四〇八名であったこと、また日露戦争の捕虜収容所としては松山収容所が有名で、確かに松山は最初に開設された収容所で、医療施設が充実し、かつ将校の収容数が最多であるという特徴はあるが、決して最大の収容所ではなかったことが分かる。

『顛末』によると、開戦初年の一九〇四年中の捕虜数は三〇〇〇名台であったのが、戦争二年目の一九〇五年には、一月の旅順開城（捕虜数四万三九七五名）、同年三月の奉天会戦（同二万七三三二名）、同年五月の日本海海戦（同六一〇六名）、同年七月から八月のサハリンの戦闘（同四六九八名）で一挙に大量の捕虜が発生した。このため、一九〇四年中に設置されていた松山、丸亀、姫路、福知山、名古屋、静岡の六収容所（この内、松山、姫路、名古屋が比較的大規模な収容所）に加えて、一九〇五年一月以降、浜寺、福岡、習志野、金沢、熊本、仙台、久留米に大型収容所が設置され、一時的に設置された似島（広島宇品沖）、大里（福岡県門司）、佐倉（千葉）を加えると、全国の収容所数は二九に達した。この内、似島は将校捕虜を、大里は下士官と兵卒の捕虜を、一時的に収容して検疫をおこなって、各収容所に再移送するための一時的収容施設であった。

似島・大里の臨時収容所を除くと、俘虜収容所は陸軍の聯隊・師団所在地に設置された。この理由は、収容所の管理・警備上の理由（留守師団・留守連隊が管理・警備を担当）と収容施設に既存の陸軍兵舎（日露戦争で出征した連隊の空き兵舎）と借り上げた寺院を使用したためである。このため、陸軍・海軍を問わず、ロシア軍人捕虜は日本国内では陸軍の管理下に置かれたのである。なかでも、収容所閉鎖直前の一九〇五年一一月段階で二万二千名収容の浜寺と一万五千名収容の習志野は、巨大収容所と称すべきものであった。とくに旅順要塞の下士官兵卒捕虜を収容した浜寺には、習志野等の新設収容所に一部の捕虜を移送する以前は、一時的に二万八千名を超える収容者がすし詰め状態で収容されていた。

## 捕虜ロシア軍人の葬儀と墓の建立

国内の捕虜収容所に収容中に死亡したロシア軍人は、近くの陸軍墓地に、大規模収容所では特設墓地に埋葬され、日本国内のロシア軍人墓が成立した。前掲『顛末』には「戦地病院内又ハ後送中ニ死亡シタル者ハ、旅順病院内ノ死亡者千七十六人ヲ始メ合計千四百五十三人、内地収容中ニ死亡シタル者ハ三百七十三人」とある。つまり内地で死亡したロシア捕虜は三七三名で、その数だけの墓が作られたと思われる。『顛末』はさらに死亡者の葬儀・埋葬について「俘虜死亡者ヲ俘虜取扱細則第二十六条及第二十八（二十七か―筆者注）条ノ規定ニ基キ土葬シタルニ当リテハ、各死亡者ノ身分階級ニ応シ、戦地ニ於テハ従軍僧侶教師ヲシテ宗教上相当ノ儀式ヲ行ハシメ帝国軍人ト同一ノ取扱ヲ為シ、内地ニ於テモ収容所内ニ於テ布教ヲ許可シタル露国国教其他各宗派ノ司祭ヲシテ宗教上ノ祭典ヲ行ハシメ、以テ陸軍埋葬地内ニ埋葬シ、其墓地ノ狭隘ナル場合ニハ殊ニ適当ノ埋葬地ヲ選定」したとも述べている。俘虜取扱細則の第二十六条・二十七条は、宗教慣習に配慮して「土葬」にすることを除くと陸軍埋葬規則に準じた規定で、埋葬費用については「准士官以上及同相当者弐拾円、下士官及同相当者拾五円、兵卒等拾円」を支出するとしている（『顛末』二八頁〜二九頁、および『顛末』附録一八頁〜二四頁「俘虜取扱細則」）。

松山収容所（一九〇四年三月一九日、最初の捕虜三名受け入れ）は開設から二ヵ月後、温泉郡御幸村千秋墓地に隣接する旧妙見堂跡地に一三〇坪の墓地を買い入れた。同年五月一六日、最初の捕虜の死亡者（ユダヤ教徒だったと言う）が出て、その後死亡者の発生が続いた（青山淳平「松山ロシア人墓地のうつりかわり」、松山大学編『マツヤマの記憶――日露戦争一〇〇年とロシア兵捕虜』成文社）。松山、浜寺の両収容所では、陸軍墓地とは別に墓地を確保したが、多くの収容所では近隣の陸軍墓地の一角に埋葬された。

松山俘虜収容所長は、はじめ俘虜兵卒埋葬費一〇円の半額を後日建設する石製墓標建立費用として差し引き、残りの五円で棺、木造墓標、埋葬人夫賃をまかない、宗教儀式を排するとの方針を出していた。ところが陸軍省は「俘虜遺骨ハ平和克復ノ上多分本国へ送還」するので、石製墓標建設費用を差し引くことなく、また日本ハリスト ス正教会信徒が組織した捕虜信仰慰安会（代表山田蔵太郎）より無償で葬儀を営むとの申し出があったので、埋葬費用全額を棺、木造墓標、埋葬人夫賃に使用して、「彼等ヲ満足セシムル如ク取扱」よう指令した（一九〇四年六月七日、満発第一九九六号、陸軍省高級副官より留守歩兵第一〇旅団長宛通牒）。この指令以降、各俘虜収容所の葬儀と埋葬には、多かれ少なかれ捕虜信仰慰安会が関与することになった。当時の日本ハリストス正教会の信徒数は二万名を超え、日本のキリスト教宗派のなかではカトリックに次ぐ第二位の信徒数を誇っていた。同教会は日露戦争開戦に際して戦争協力を明確にし、正教信徒戦時奉公会を組織、ロシア語通訳を従軍させ、教会出版物や日露会話集等を軍に献納するとともに、傷病兵慰問活動を活発化させていた。一方で捕虜信仰慰安会を組織して、捕虜収容所におけるロシア軍兵士に対する宗教活動の許可を希望し、ニコライ主教はこの活動を支持したことが明らかにされている（中村健之介『宣教師ニコライと明治日本』岩波新書）。

最初に松山収容所に派遣されたのは、大阪教区の鈴木九八司祭であった。彼は六月一一日松山衛戍司令部に出頭して市内各収容所と病室に出入する許可を得た。つづいて山田幹事、森田亮司祭、三井通郎司祭などが次々と訪問し、一九〇四年中に設置された六収容所では、松山・丸亀を鈴木が、姫路・福知山を森田が、名古屋・静岡を三井が担当した。彼等はいくつかの教会を束ねる教区に責任を持つ司祭で、かつロシア人捕虜と意思疎通できるだけのロシア語能力を有した。一九〇五年正月に旅順が開城して以降捕虜が急増し、収容所が増設されるとさらに多くの司祭・輔祭を派遣する体制が整えられた。鈴木たちは各収容所の様子を通信記事として『正教新報』に寄せたが、七月一八日付の松山通信に「本日午後埋葬すべき永眠兵卒の墓標を日露文にて認むべき依頼を受け、午後より仮設病院に於て埋葬祈祷執行」とあるので（『正教新報』第五六八号）、正教徒死亡者に対しては鈴木が木製墓標の正面にロシア語で、裏面に日本語で墓碑銘を記した（『正教新報』掲載写真による）。

しかしロシア軍は多民族、多宗教であった。陸海軍ともハリストス正教徒が多数を占めるものの、陸軍ではポーランド人カトリック教徒が、海軍ではルター派のプロテスタントが第二位を占めていた。ユダヤ教徒、イスラム教徒もかなりの数にのぼり、ラマ教、グルジア・アルメニア正教も見られた（『日露戦争統計集』第一五巻、第二三俘虜の項、「第十三　露国陸軍捕虜宗教別」および「第三十　露国海軍捕虜宗教別」参照）。松山の場合、カトリック教徒の捕虜の死亡者は松山在住のカトリック神父が葬儀と埋葬を担当し（『正教時報』第五九八号七頁の写真「松山市外山越墓地に於ける波蘭及カトリック教司祭」）、墓標も少なくともカトリック教徒とユダヤ教徒は異なった。他の収容所でも木製墓標は宗教・宗派ごとに違った可能性があり、いくつかの収容所では早い段階から石製墓標を建立していた。

## 日露戦争終了後の石製墓標と記念碑の建設——ロシア軍人墓地の原風景が誕生

### 陸軍次官指令（一九〇六年三月二三日付）による石製墓標建設

一九〇五年九月のポーツマス講和条約調印、一〇月一五日に日露両国が批准通告をして講和条約が発効すると、捕虜の引き渡し・帰国が始まり、松山および浜寺収容所の閉鎖（一九〇六年二月二〇日）を最後に収容所閉鎖が完了した。この直後、戦争中建立された木製墓標の石製墓標への改造が日本陸軍のイニシアチブで一斉におこなわれたようである。

一九〇六年三月二三日付で、陸軍次官は管下に捕虜収容所のなかった近衛・第七師団を除く各師団経理部長に宛て、死亡捕虜の墓標の多くが木製で腐朽の恐れがあり、かつ規格が不統一なので、「此際埋葬規則ノ寸法ニ依リ石造ニ一定スルノ必要ヲ認メ、此際石造ニ改築ノ方針ヲ以テ費用ヲ取調」るよう通牒した（満発第一一一九号、『明治三十七八年戦役陸軍政史』第八巻第二編一七章「俘虜」五四三頁〜五四四頁）。『旧陸海軍文書』中の明治三九年「満大日記」には、この陸軍次官の「石造」墓標への改

カーネーションが手向けられた金沢野田山陸軍墓地内のロシア兵士墓標（筆者撮影）

松山山越墓地とカトリック教徒兵士と神父（『正教新報』598号）

造指令に対して、第一（東京）、第一一（善通寺）、第一二（小倉）の各師団経理部からそれぞれ石製墓標への改造計画案が提出され、陸軍次官はこれを承認、経費は臨時軍事費を転用して同年度中に建立されたことを示す資料が見られる。資料が残る上記の三つの師団以外でも、同じ様に石製墓標の建設がおこなわれた。

石製墓標は、日本軍兵卒の墓標は高さ二尺、方五寸、「墓標ハ其表面ニ官位勲功爵氏名墓ト記シ、左側面ニ死亡ノ年月日ヲ記スヘシ、但其後面並右側面ニハ所要ノ碑文ヲ記スルコトヲ得」（第八条）という陸軍埋葬規則（一八九七年）の規定に準拠している。現在残っている石製墓標では、金沢野田山陸軍墓地（第九師団）のロシア兵士の墓標がこのタイプで、正面に死亡した兵卒の名前、右側に死亡年月日、高さも六〇センチ程度で、陸軍埋葬規則にほぼ従っている。ただし背面に所属部隊名、土台正面にロシア文字で名前、そして正面の日本語の名前の上に十字架または月と星（イスラム教徒）の宗教シンボルが彫られている。仙台陸軍墓地（第二師団）に残るユダヤ人兵士の墓標、それに丸亀陸軍墓地（歩兵第一二聯隊）に残る墓標も、若干大きさが違うが、同様の規格と思われる。

すべてのロシア軍人墓標が陸軍埋葬規則に準じたものではなく、例外もあった。陸軍経費で陸軍埋葬規則に準じて作られたにもかかわらず、松山ロシア軍人墓地の墓標は、石材は御影石、彫りも深く、金沢、仙台より立派である。松山の石製墓標を作ったのは名人といわれた石工丹生谷寅吉（一九一四年没）で、寅吉は「木製の墓を見たとき、いろいろな形の物があり、宗教の違いからハリストス教・ユダヤ教・宗教不明の十字架があり、それらを現在の四角柱の形にまとめて製作することに『相当悩んだ』」と洩らしたという（京口和雄「捕虜を厚遇した松山市民」、前掲『マツヤマの記憶』所収）。

## 戦争中から石製墓標を建立した事例

上記の陸軍次官指令に先立ち、独自に石製墓標をつくった収容所もあった。『正教新報』の記事には、福岡収容所（歩兵第二四聯隊所在地）、姫路および福知山収容所（第一〇師団管下）、浜寺収容所（第四師団所在地）、豊橋および静岡収容所（歩兵第一八聯隊・第三四聯隊所在地）、高崎収容所（歩兵第一五聯隊所在地）、捕虜の帰国後であるが名古屋収容所（第三師団所在地）の事例が見られる。これらの事例はハリストス正教会が組織した捕虜信仰慰安会の貢献が大である。以下、姫路、浜寺、熊本の例を紹介する。

第一〇師団管下の姫路・福知山収容所では、姫路で六名、福知山で四名の死者が生じたが、最初から石製墓標を建て、これには森田亮司祭が協力した。姫路収容所で一九〇四年九月二三日「ステファン・テレウャンコ」が死去した際には、森田亮司祭は神戸の正教会から葬儀用具を運ばせ、伝道師派遣を依頼して盛大な葬儀をおこなった。彼の一〇月一日付「姫路通信」に、「昨日墓地に到りし際、見れば早くも石碑建てられ、其文字より形に至るまで美事なり」とある（『正教新報』第五七三号・第五七五

姫路栗林山陸軍墓地内のロシア兵士墓標
（北大スラブ研究センター所蔵『姫路俘虜収容所紀念写真帖』より）

号）。北海道大学スラブ研究センター所蔵の姫路収容所関係写真帖から、収容所閉鎖直前の一〇月二六日におこなわれた大「パニヒダ」の際の、六柱の石製墓標が並ぶ姫路栗林山陸軍墓地内ロシア人墓地の写真を紹介する。現在これらの墓標は整理され、栗林山公園旧姫路陸軍墓地内にはない。

泉大津市の共同墓地（泉大津市春日町）にあるロシア人墓地は、浜寺収容所の死亡者を埋葬したもので、日本国内で唯一日露戦争直後の状態を残している大規模墓地である。同墓地には現在、墓標八九基、ロシア語記念碑、日本語記念碑、墓域入口の門柱であった石柱二本が残る。

石柱には「堺市兵事会」「明治三十八年十月」と彫られ、日本語記念碑は一九〇五年一〇月建立、浜寺俘虜収容所長陸軍少将隈部潜撰文・書の碑文で、「病死者八十九葬此地、地村人所献、彼我有志者相謀建墓標、魯人更建紀念碑於場中央」とある。またロシア語記念碑の上部に、「これは一九〇五年旅順で戦った英雄たちの墓である」と刻まれ（「これは旅順で戦った英雄たちの墓である、一九〇五年」と翻訳する方が正しい――筆者注）、そして基部に各宗教のシンボルと「御霊よ安らかなれ」（ロシア語）、「安らかに眠れ」（ドイツ語）、「同輩安らかに眠ってください」（ポーランド語）、「本当にアッラーの御許の教えはイスラームである」（アラビア語）、「追悼　日本に収容された捕虜軍人」（ヘブライ語）という追悼の文句が刻まれている（『泉大津市史』第四巻）。

現存する石製墓標は、誰が、何時、建立したのであろうか。『正教新報』に手がかりがある。第六〇〇号（一九〇五年一二月一日）の口絵写真にロシア陸海軍の制服を着た兵士および日本人の兵士と民間人が写っており、日本語記念碑、ロシア語記念碑そして現存する石製墓標を見ることができる。キャプションは「浜寺収容所の俘虜墓地、右方の大石碑は付近村民の寄贈、中央の円柱は俘虜の建設せる記念碑」である。

泉大津市内、大津共同墓地内のロシア兵士墓地の現況（筆者撮影）。写真中央、やや右奥にロシア語記念碑が見え、その手前に個人の石製墓標が並び、花が手向けられ、良く整備されている。ひとつだけ形状の違う墓標は、ヘブライ語で記されたユダヤ人のものである。

1905年10月の大津共同墓地の記念碑・墓標の聖成式
(『正教新報』600号)

この写真は一九〇五年一〇月一八日に実施された墓地の記念碑と石製個人墓標の聖成式の記念写真で、「彼我有志者相謀建墓標、魯人更建紀念碑於場中央」という隈部の撰文からも、墓標の建設には浜寺担当の千葉忠朔・小野帰一両司祭と地元の大阪教会信徒の協力が考えられ、捕虜収容所の閉鎖時点には現状の墓域が完成していたのである。

最後に熊本市島崎地区のカトリック教会・修道院関係者の墓地内に現存する「ヤセウィッチ中尉」の墓については言及しておく必要がある。

熊本俘虜収容所は浜寺・習志野に次ぐ全国三番目の大規模収容所で、閉鎖直前には陸軍将校四四名、同下士卒一九七〇名、海軍将校一名、同下士卒三九八七名、合計六〇〇二名を収容しており、死亡者は陸軍五名、海軍九名、合計一四名であった。この内一三名の遺体は後述するように、一九〇九年長崎に改葬されたが、「ヤセウィッチ中尉」の墓だけは「同地ノ旧教信徒団ノ好意ニ依リ墓碑ヲ建テタルニ付其侭同地ニ残」すことになったと、外務省記録『陸海軍墓地及埋葬関係雑件　外国之部（露国）』（明治大正五・二・九・一―二―二）に記されている。この事情を現地でもう少し詳しく調べ、墓標を確認するため二〇〇五年盛夏に熊本を訪ねた。熊本市西部、島崎地区の西の武蔵塚のすぐ下にあるカトリック墓地内にある「ヤセウィッチ中尉」墓標は、私の背丈より高い一九〇センチほどの堂々たる石製墓標で、現存する日本で没したロシア軍人の個人墓標の中では最大のものである。正面にロシア語、右側面に日本語、背面にフランス語、左側面にポーランド語の碑文が刻まれ、日本語の碑文は「正直ニシテ勇猛ナル露国士官、汝ノ霊魂ハ平安ナレ、此土ハ即チ汝ノ安居ナレ　東部西比利亜狙撃第十三聯隊イグナチイ、アンドレヴイチ、ヤセウイツチ之墓　千八百七十四年誕生　千九百〇五年十月十一日卒」と記されていた。つまり、中尉はポーランド人、カトリック教徒だった（ロシア語とポーランド語の碑文については、北海道大学スラ

熊本市島崎のヤセウィッチ中尉の墓標（筆者撮影）

ブ研究センターの原暉之教授のご教示を得た）。

一八八九年熊本にコール神父が宣教に訪れ、熊本、八代、人吉のカトリック教会を建設、一八九七年市内花園町にハンセン氏病患者の仮療所を建て、翌年フランシスコ修道会童貞女をむかえ、島崎町琵琶崎に修道院と待労院を建築して事業を継続した。島崎のほど近くに加藤清正の菩提寺本妙寺がある。江戸時代以来熊本では、清正すなわち〝セイショコさま〟はハンセン氏病などの患者たちの守護者としてあがめられ、本妙寺の境内・参道は多くの患者たちが集まった一種のアジールとなっていた。熊本で患者たちをみたハンナ・リデルが、一八九五年市内黒髪に回春病院を建設してハンセン氏病患者の救済活動をはじめ、コール神父の活動はこれにつづくものであった（『熊本県史・近代編第二』）。カトリック教徒のポーランド人ヤセウィッチ中尉は健康を害し、コール神父と修道女の世話になっていたが、帰国直前に死亡した。熊本市教育委員会編『島崎—歴史と文化財—』には自殺と書かれているので、精神的な病だった可能性もある。彼の遺体は熊本教区の教会・修道院関係者の墓地に埋葬され、緑に囲まれた静かで平和な墓園の中で、カトリック教会・修道院関係者の手で百年間護りつづけられたのである。

## 死亡したロシア軍将兵の記念碑と記念聖堂の建設

ロシア軍将兵を葬った墓地の中で、名古屋、浜寺、松山には記念碑が建設された。浜寺の場合は捕虜が収容中に、記念碑と個人墓標の聖成式がおこなわれたことを既に述べたので、名古屋と松山の記念碑建設について検討する。

名古屋収容所を研究した平岩貴比古「名古屋と松山の収容所比較」（前掲『マツヤマの記憶』所収）によると、名古屋の収容所には降伏した旅順要塞よりフォーク中将以下七名の将官が収容され、その後松山からセミョーノフ少将らが移ってきた。名古屋収容所の捕虜の帰還が始まると、「露国砲兵司令官少将ワシリイベールイ以下数名」が記念碑建設を発案し、その資金約一八〇円を提供して柴山準行司祭に建築を依頼した。ベールイ少将は収容されていた名古屋西本願寺にイコノスタス（聖障）を設置した人物で、信仰心が篤く、また将官級の捕虜は、とくに旅順関係者は、多額の現金を所有していたから、記念碑建設程度の費用の捻出は問題もなかったと思われる。

捕虜将校が記念碑建設を発願し、建設費用を提供し、捕虜の帰還後にこれをロシア正教会関係者が建設するやり方は松山でも見られた。『明治三九年満大日記八月下』に松山における記念碑建設に関する紛議に関する一連の書類が見られる。ことの起こりは、一九〇六年七月三日付で、林董外相が寺内陸相宛に、松山の記念碑建設に関するロシア公使の陸相宛の照会を移牒してきたことで、照会の事実関係の記された部分を読むと、鈴木九八司祭が捕虜の委託を受けて記念碑を建設した事情が分かる。完成間近の記念碑の形が申請書と異なるとの理由で、第一一師団側がこの碑の取りのぞきを命じたことから、ロシア公使が外務省を通じて照会してきたもので、この時、ロシア公使は広島陸軍墓地内に建設された義和団出兵時に死亡したフランス兵の墓標と記念碑の事例を持ち出して、松山の記念碑建設を要望している。この紛議は、結局、鈴木が形状変更を願い出て、これを第一一師団経理部が認めることで妥協が成立した。記念碑は第二次大戦後、善意の誤解によってボイスマン海軍大佐の墓標に改変されて現存している。

名古屋と松山は、捕虜将校団あるいは捕虜将校有志の発願で墓地に記念碑建設を願い出て、それを収容所担当司祭が引き継いで建設したという共通点がある。松山では記念碑に死亡者名を刻した金属板が貼付され、名古屋の碑には「一九〇五年に世を去った一五名のロシア捕虜がここに眠る。主よ、天国において彼らの魂に安息を与え給え！　この記念碑は彼らの戦友により建設された」とのニコライ主教の言葉が刻まれている。浜寺の場合は捕虜の収容中に建設したので死亡者が確定せず、かつ碑の形状が円柱だったので、多数の死亡者姓名が刻まれなかったらしい。

ロシア公使が言及した広島比治山陸軍墓地と長崎坂本国際墓地の義和団出兵時に死亡したフランス兵の墓地は、個人別墓標と記念碑の組み合わせである。松山、浜寺、名古屋のロシア軍人墓地も、個人別墓標と記念碑の組み合わせという点で共通する。一方の日本の陸海軍墓地は埋葬施設で、記念碑を欠いている。この点で、日本とロシ

ボイスマン大佐の墓標に変身した松山ロシア人墓地の記念碑
(筆者撮影)

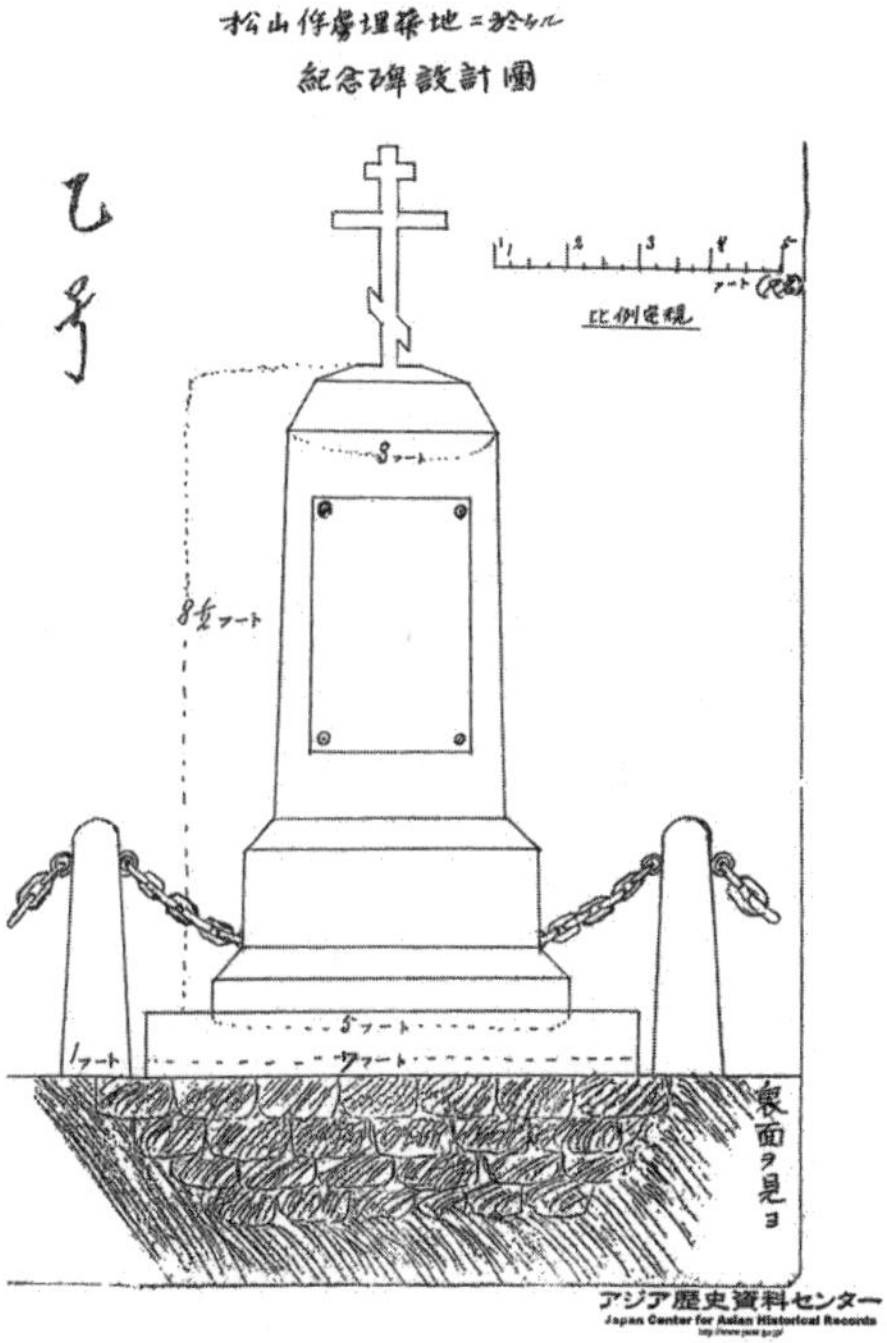


松山妙見山ロシア人墓地の記念碑、建設された碑
（JACAR Ref.C 0327251400、「露国死亡俘虜紀念碑建設に関する件」、明治39年『満大日記八月下』、防衛省防衛研究所所蔵）

ア（あるいは欧州キリスト教国）の死生観、戦死者に対する慰霊観の相違が現れているように思われる。

日本ハリストス正教会は日露戦争後、松山ハリストス復活聖堂（別名永眠俘虜記念聖堂、一九〇八年八月一七日、聖成式）と新たな大阪生神女聖堂（一九一〇年七月一二日、同）をロシア軍人死亡者のための記念聖堂として、捕虜と故国ロシアの篤信者の献金によって建設した。大阪生神女聖堂聖成式の二日後の七月一四日には、浜寺収容所の死亡者を葬る泉大津のロシア人墓地の記念碑前で盛大なパニヒダがおこなわれた。本来聖成式翌日の一三日にパニヒダ執行の予定であったが、「同日は日露協約公表の当日に相当せる事とて露国大使は此の国家の祝日に当たりて墓地の祈祷を行ふも如何はしければ翌日に延期されたしとの希望ありたる由にて浜寺の墓地の祈祷は十四日に行はれたり」と正教新報記者は述べている（『正教新報』第七一二号）。ロシア大使の言った「日露協約公表の当日」とは第二次日露協約のことで、この協約により日露両国は協力してアメリカの満州進出を阻止することを約し、一方でロシアは日韓併合の最終的了解を日本に与え、日露両国は東アジア地域で親密な同盟関係に入った。つづいて検討する長崎悟真寺への改葬問題を含めて、ロシア軍人墓整備は日露両国の政治・軍事面での友好関係の前進を背景として進んだのである。

## 海戦で没したロシア軍人の墓——長崎悟真寺と島根半島の墓

日本国内にあるロシア軍人墓のうち、日本国内の捕虜収容所で死亡した捕虜の葬儀・埋葬と墓標の成立事情については説明したので、つぎに「②何度かの日露間の海戦の際、日本海軍に収容されたロシア側の戦死者あるいは収容後捕虜収容所に移送する前に死亡した者を埋葬した墓」と「③日本海海戦の際に日本海沿岸地域に漂流・漂着した遺体を各地で適宜埋葬した墓」の成立につき簡単に述べる。

蔚山沖海戦と日本海海戦の際に収容され佐世保海軍病院で死亡した捕虜一八名を例に説明すると、同病院で死亡した海軍軍人は、一旦長崎に輸送され、日露戦争中にもかかわらず、悟真寺ロシア人墓地に明治初年以来の伝統的な埋葬方法で改葬されている。死亡者にロシア戦艦の艦長が含まれたので、日本側は儀仗兵と佐世保長崎地域の軍、警察、行政関係者が参列、日本におけるロシア側の戦時利益代表のフランス領事と長崎在留ロシア人が参加して、丁寧な儀式をおこない、墓標も日露戦前からの伝統を受け継ぎ、西洋風な墓標がつくられた（前掲外務省記録『露国軍人埋葬関係雑纂』第一巻）。

最後の、「③日本海海戦の際に日本海沿岸地域に漂流・漂着した遺体を各地で適宜埋葬した墓」については、地元住民が自発的に建立して保護していた島根県隠岐西郷町のロシア軍人合葬墓を除くすべての墓が、一九〇九年に発掘されて長崎悟真寺に改葬されたと今まで説明されてきた。しかし一方で日本海沿岸各地には漂着ロシア軍人の墓と称するものが未だに多数存在し、隠岐、島根半島、能登半島、佐渡には特に多い。なかには遺体を掘り起こした後の、墓標のみの「カラ墓」もあると思われるが、地域の住民だけが知っていて、丁重に祀られているものも少なくない。二〇〇五年のお盆前に、平田市十六島《ウップルイ》（現在は出雲市に合併）のロシア人墓地を訪ねた話を一例として紹介する。

島根県下のロシア将兵の墓に関しては、すでに岡崎秀紀・鈴木誠「日本海海戦で島根県沿岸に漂着したロシア兵とその後」（島根県高等学校教育研究連合会編『研究紀要』四一号、二〇〇五年）という信頼すべき文献がある。私は島根県立図書館に行って岡崎・鈴木論文と『山陰新聞』を調査、その後で岡崎・鈴木論文にリストアップされたロシア兵の墓のなかから、平田市十六島（現在は出雲市に合併）にある墓を訪ねた。十六島本郷地区は十六島湾の北岸で、これより奥は道が狭くなって自動車で通れないような場所であった。同地区の海慶山大光寺を訪ね、ご住職の奥さんに墓について訪ねると、丁度お盆の供養に使うために住職が用意されていた次のような二本の卒塔婆を見せてくださった。

為日露戦争戦死者露嶽就本居士・徳雲道隣居士百回忌施食宝塔
為日露戦役犠牲者英林義勇居士・忠肝義光居士百回忌施食宝塔

この四名の内、露嶽就本居士・徳雲道隣居士の墓標は大光寺に隣接する墓地にあり、英林義勇居士・忠肝義光居士は大光寺に来る途中の多井地区の共同墓地に墓標があることを教えてもらい、露嶽就本居士・徳雲道隣居士の墓標に案内していただいた。墓標は風化が進み、横に新たに三界万霊墓が黒御影石で建立されていた。

帰りに多井地区共同墓地の一角を探し、忠肝義光居士と戦孝良勝居士の墓標を確認したが、卒塔婆の英林義勇居士は確認できなかった。周囲に苦海漂流信女、離海揚陸信女、一乗離海信士などの墓標が並んでいたので、ここは無縁の水死体を葬った場所であった。水死体は信士・信女なのに、ロシア兵は居士号で優遇されている印象があ

島根県十六島本郷大光寺境内のロシア兵士墓標（筆者撮影）

り、そしてすべての墓が、雑草が抜かれ、樒《しきみ》や花が手向けられていたのが印象的であった。

島根県に来るまで、各地のロシア兵の墓とは、漂着した水死体を各町村や大字が、つまり行政が主導権を発揮して葬ったものだと信じていたが、これは根拠のない先入観だった。岡崎・鈴木論文および当時の新聞記事を読むと、漁民たちは海上を漂流する水死体を競って回収して持ち帰った。政府や県当局から回収命令が出たわけではなく、民間で自発的におこない、しかもここでは漂流死体に戒名を与え、墓標を建立し、百年間守りつづけた。隠岐島後の都万村蔵田地区では、

「漁師たちは漂流死体は『縁起がよい』と、手厚く葬った」（岡崎・鈴木論文、四頁）ことが紹介されている。漁民の間にエビス信仰が盛んなこの地域では、漂流死体は大漁を約束するエビスと考えられ、丁重に扱われた。戒名・墓標建立・施餓鬼は豊漁の呪いであった。ロシア兵の漂流死体はこのような民間信仰の枠内で解釈されたために、漁民たちに積極的に回収され、現在まで守られた、と筆者は考える。

一九〇九年の悟真寺への改葬事業の際に、ロシア側と日本側が何度も調査したにもかかわらず、調査に漏れた墓が多くあること、また島根に来てみると多くの墓が今に伝わっていることを既に指摘した。考えてみると、これは単なる調査の不十分さでは説明できない膨大な数で、しかも島根半島や隠岐のみならず、能登・佐渡にも多数の調査漏れの墓があるようだ。漁民は漂流死体や海底の石などのエビスを、共同体で管理するだけではなく、時には個人でひそかに所有しようとしていたことが、エビス信仰の民俗学的研究で指摘されている（桜田勝徳「海幸を呼ぶ恵比寿さま」、北見俊夫編『恵比寿信仰』雄山閣所収）。各地の漁民たちは県庁からの通達を無視して、ロシア兵の遺体と墓を隠し続けた可能性がある。戦死者を管理した上で追悼する近代国家の論理と、我がものにしたエビスを国家に渡すことを拒否し、秘匿した民衆の論理が、思わぬ側面で対立したことを示す資料として、津々浦々の共同墓地に現存するロシア兵の墓を見直すことができる可能性があるが、民俗学・葬儀の社会学に関する知識に欠けるので現時点では断言できない。

## ロシア軍人墓の長崎悟真寺境内への改葬

日本国内のロシア軍人墓地問題の最後として、一九〇九年におこなわれた墓地整理事業と長崎悟真寺境内ロシア人墓地内への改葬問題に言及しなければならない。しかし資料的に見るとこれに関連する資料は膨大で、様々な論点を含んでいるので、ここでは問題の経緯を簡単に紹介して、現状の写真を何枚か示すに止めたい。

細長い長崎湾の一番奥の部分にある稲佐地区は、幕末のプチャーチン来航以来、旅順建設と日露開戦まで、「ロシア村」として知られた。ロシア海軍の太平洋艦隊はウラジオストク軍港を基地としたが、長崎は重要な補給地であった。つまり、食料・燃料調達と乗組員の休養に活用され、冬季の三ヶ月以上、ロシア艦隊は長崎湾に入港した。そして長崎と極東地区で死亡したロシアの海軍軍人と船乗りの遺体は、しばしば稲佐地区にある浄土宗の悟真寺境内のロシア人墓地に埋葬された。長崎と稲佐と悟真寺は、極東のロシア人にとって重要な場所で、かつてゴルバチョフ大統領夫妻が稲佐悟真寺のロシア人墓地を訪れ、ロシア軍人合葬墓に敬意を表したことを想い出す。

一九〇九年（明治四二）に、ロシア側は日本政府と陸海軍の協力を得て、全国に散在するロシア軍人の墓を稲佐国際墓地に建設した納骨施設に改葬した。この経緯に関する資料は、すでに何度か引用した外務省記録中の『露国軍人埋葬関係雑纂』第一巻と『陸海軍墓地及埋葬関係雑件　外国之部（露国）』につづられている。当時の日本は第二次桂太郎内閣の時期で、外相は小村寿太郎、陸相は寺内正毅、海相は斎藤実、対する駐日ロシア大使はマレウスキー・マレウィッチであった。

上記資料によれば、一九〇九年、ロシア海軍は長崎稲佐悟真寺境内ロシア墓地に海軍戦没者記念碑の建設を提案した。これを契機に同年四月二日付で斎藤実海軍大臣は日本海軍が管理するロシア海軍軍人墓を稲佐悟真寺へ改葬することを逆提案した。これを契機に改葬問題が表面化した。一方で在日ロシア大使館付武官サモイロフ大佐は、日本の陸軍省およびニコライ大主教と協力して、全国の陸軍墓地に埋葬されているロシア軍人墓を調査し、この結果、日本国内所在のロシア陸軍・海軍軍人墓の所在が確定した。ロシア大使マレウィッチと小村外相・寺内陸相・斎藤海相の交渉の結果、全国に散在する日露戦争で死亡したロシア陸海軍人軍属の墓を、長崎悟真寺、松山（九八基、実は九七基）、泉大津（八九基）、島根県隠岐西郷町（一二遺体合葬墓）の四カ所に集約して、将来の維持管理の徹底を図ることが合意された。

実際の改葬作業実施にあたって、松山、泉大津、西郷町の墓地以外に埋葬されていた遺体を発掘して長崎悟真寺に輸送、ロシア海軍側が準備した記念碑に隣接する埋葬施設に改葬すること、そして遺体の発掘と輸送を日本陸軍・海軍が担当し、その費用をロシア側が負担することが決まった。海軍は八一体の遺体を（当初は六〇遺体の筈が、作業中に隠岐でさらに二一遺体が発見されて、八一体となった）、陸軍は一七一体の遺体を、発掘・輸送したと記録されている。つまり、合計二五二体の遺体が長崎に送られ、八月上旬ロシア側に引き渡され、悟真寺に改葬されたのである。そして同年九月二七日、悟真寺の墓前で、ロシア大使とニコライ大主教が参加して盛大な改葬祭がおこなわれ、ここには日本陸海軍から儀仗隊が参加し、また従来の歴史的関係から多くの長崎市民が深い哀悼の意を示した。この時、静岡、豊橋、熊本にある四基の墓は残されたが、一九一一年に静岡、豊橋の墓も悟真寺に改葬され、前記のポーランド人将校ヤセウィッチ中尉の墓だけが熊本に現存している。

ここで問題になるのは、すでに紹介した、丸亀陸軍墓地、福知山陸軍墓地、金沢野田山陸軍墓地、高崎陸軍墓地、仙台陸軍墓地などに現存するロシア軍人墓標とは何かということである。これらの墓標の下の遺体は発掘され長崎に運ばれたので、一端墓標は片付けられて墓地の隅に放置されたが、その後（第二次大戦後が多い）、改葬の事情を知らない善意の人や団体が再び放置された墓標を復元し、大事に保存したものと考える他はない。

二〇〇四年二月二三日午前中、悟真寺を訪ね、鍵を借りてオランダ墓地とロシア墓地を見た後、故木津義彰住職の奥様にお話を聞き、資料（木津義彰「悟真寺とその国際墓地」『長崎文化』四四号所収）をいただいた。悟真寺国際墓地はAからNまでの区画に分かれ、Jがオランダ墓地、K、L、Mがロシア墓地である（墓地が斜面にあるので、各区画はひな壇状になっている）。墓碑の年代から、K、Lの両区画が最初の区画、M地区が新規追加区画と考えられる。現状の墓碑数について、竹内光美・城田征義『長崎墓所一覧悟真寺国際墓地編』（長崎文献社）には合計二〇三基の墓標があると記されている。野口孝国氏が一九四〇年に調査した際は、K、L、Mの三区画

悟真寺境内の板状のロシア水兵墓標（筆者撮影）

悟真寺境内の十字架墓標、ドミトリー・ドンスコイ
艦長レベデフ大佐墓標（筆者撮影）

悟真寺境内のロシア軍人合葬墓（筆者撮影）

で墓標数は二七〇基だった（野口『稲佐露西亜墓地墓碑銘』自筆本）。墓碑減少の原因は、故木津義彰師によると、「敗戦目前の二十年八月一日には、五百キロ爆弾二個が、この墓地を直撃しているし、追い討ちをかけるように九日には、原爆が投下された」ためである。爆弾は下のK区画とL区画の北側に落ちたようで墓標のない部分が見られ、本稿に直接関係のあるロシア軍人合葬墓があるM区画は被害が少なく、墓標の大部分は残っているように見えた。

個人墓の形は二種類、扁平なかまぼこ状のフラットな板状の墓石と立方体の土台の上に十字架が載った墓石で、悟真寺では平時のロシア墓地管理と埋葬のシステムが日露戦時中も継続していたので、墓標も日本軍の兵卒の墓標に準じたものではなく、ロシア式の墓標が建立されたのである。問題の合葬墓は、今は槇の木が茂って見えにくいが、石柱の上部にはロシア正教式の十字架があり、墓の前面の低い土饅頭の下に松材の柩に入った遺体を収納した石室がある。合葬墓の石塔は下部と上部の御影石の材質が違う感じがするので（下部は新しく、上部は風化が進んでいる？）、戦後の補修の可能性がある。現在は下半分の土台の部分にステンレスの板が貼付され、野口調査と前掲『長崎墓所一覧』によると、つぎのように記されているという。名前と所属の判別した遺体が三三＋四七＋四四＝一七一体と、外に八〇体（アレクセイ、ヤーコフと身元不明死体七九体）、合計二五一体が合葬墓に埋葬されているという意味であろう。

正　面　三三名の軍人の、氏名、没年月日、所属（艦船名あるいは部隊名）
一九〇四年及ビ一九〇五年ノ戦争ニ於テ戦闘ニ戦死シ或ハ日本ニ捕虜トナリテヨリ死セル露西亜陸海ノ勇士等へ　一九〇九年設立

右側面　四七名の軍人の、氏名、没年月日、所属

左側面　四七名の軍人の、氏名、没年月日、所属
背　面　四四名の軍人の、氏名、没年月日、所属
　　　海軍軍人アレクセイ、ヤーコフ外七九名ヲ神ヨ導ケ

## 満州地域のロシア軍人の墓と記念碑の建立

前章で日本国内のロシア軍人墓の成立から整備改葬事業につき検討したが、本章では関東州、満鉄沿線のロシア軍人墓地・記念施設の整備について簡単に紹介する。

日露戦争の際に、満州各地で激戦が行われ、双方に膨大な死者が発生した。旅順攻囲軍の日本側犠牲者については、戦後、東郷、乃木両大将の提唱によって、白玉山山頂に納骨堂と表忠塔を建設し、戦没者の冥福を祈ることとなったことは既に述べた。旅順ではこれに先立って、大島義昌関東都督の発案で、一九〇六年にロシア軍人墓地整理、一九〇七年にロシア側の戦没者を記念する「旅順陣没露軍将卒之碑」の建設、一九〇八年にその除幕式がおこなわれた。この事実はあまり知られていないので、外務省記録の『旅順ニ於ケル露国戦死者弔魂碑除幕式挙行一件』（明治大正五・二・九

・四）を使用してその事業の概要を紹介し、つづいて二〇〇五年夏に現地を調査した際の写真を紹介しよう。

旅順占領直後から日本側は旅順に残留したロシア赤十字関係者と協議してロシア側戦死者死体の整理について検討し、ロシア側も極東ロシア軍総司令官グロデコフ大将が一九〇六年二月一日付で大島総督に覚書を送り、ロシア軍戦死者の遺体改葬と記念碑建設のためのロシア軍将校派遣につき許可を求めてきたが、これらの試みは実現しなかった。

関東総督府は一九〇六年五月、遼陽から旅順に移転、同年八月一日関東都督府官制が公布され、九月一日大島義昌が初代関東都督に任じられた。日本側は総督府・都督府の置かれた旅順で、日露両国軍の死者を（とりわけ宗教上の理由から土葬で仮埋葬したロシア軍人の遺骸を）葬る埋葬地の整備を急ぐ必要を痛感し、一方のロシア側は必ずしも急いでいなかった。日露両国の思惑は微妙にずれており、日本側は一九〇六年中に埋葬地整理を実施するつもりであったので、ロシア側の返事を待たず、ロシア側の返事の遅れと「土民」の墓荒らしに藉口して、「旅順ニ於ケル露国軍人ノ遺骸ヲ改葬」するという行動に出た。

旅順要塞司令官税所篤文少将を長とする旅順陣歿露軍将卒遺骸合埋委員会は調査に取りかかり、九月一五日までに調査を完了して、旅順のロシア兵埋葬地は合計二八ヶ所であることを確認、墓地の種類を永久墓地（三ヶ所）、半永久墓地（二ヶ所）、仮埋葬地（二三ヶ所）に分類した。つづいて合埋委員会は、ロシア側遺族の遺骸発掘返還要請や参拝の便、墓地保存問題、衛生問題等を念頭に置いて改葬方法を検討し、永久墓地（三ヶ所）と半永久墓地（二ヶ所）の合計五ヶ所は現在のまま保存し補修を加え、残り二三ヶ所を発掘して改葬するとの結論に達した。二三ヶ所の埋葬地から発掘した遺体の改葬場所を検討した結果、一号墓地すなわち現在の中国で「旅順三里橋俄国人公墓」（蘇軍烈士陵園とも言う）と称している墓地への改葬を決定し、一〇月二二日から改葬に着手し、一一月上旬に改葬を終了した。「発掘収集セシ遺骸ノ総数ハ実一万四千六百七十ニシテ、之ニ要シタル馬車二百七十九台ナリシ」と関東都督府陸軍部編纂の『旅順陣歿露軍将卒之碑建設竝除幕式顛末』は述べている。これによって旅順周辺に散在したロシア軍人遺体の改葬が終了し、新たに関東都督府が設置された旅順の衛生と美観が改善された。

遺体改葬と合埋につづいて、日本側は第一号墓地に隣接した新設の改葬墓地内の記念碑と墓標の建設に着手した。記念碑と墓標（合葬墓と単葬墓）の設計は、関東都督府陸軍経理部付池田賢太郎陸軍技師が担当、碑のデザインは「ドリック」式（ドーリア式）を採用、石材は日本内地に求め、碑正面の碑文を刻む部分は山口県犬田村産大理石、そのほかは山口県徳山黒髪島産花崗岩を使用した。四面の碑文は下記の通りである。

前面　ロシア語の碑文（邦文訳）

旅順防禦戦ノ露国殉国烈士ノ遺骸茲ニ安眠ス　　千九百七年日本政府此碑ヲ建立ス

背面　日本語の碑文

嗚呼不幸殞命於戦場者無論仇敵、掩埋骼胔所以励忠義而弘仁愛之道也、況於昨為仇敵今為友邦者乎、大日本帝国政府向下令旅順要塞司令官査索露国殉難将卒仮瘞各所者、以礼改葬案子山麓旧露国軍民之墓地仍樹碑表之、以吊英霊於百世揚義烈於千載云

明治四十年十月　関東都督陸軍大将　子爵大島義昌識

旅順陣歿露軍将卒之碑、大連市旅順区三里橋の蘇軍烈士陵園内（筆者撮影）

南山山麓ソ連軍墓地内の日露戦争戦没ロシア将兵記念碑（筆者撮影）

右側面　明治四十年十月　大日本政府建之
左側面　旅順陣歿露軍将卒之碑

一九〇八年早春記念碑が完成し、合埋委員会は記念碑除幕式を同年四月二五日に予定していたが、参列するロシア側代表の都合で二度にわたって延期され、六月一〇日に実施された。当日の式典は、除幕式と宗教儀式である祭典の二部構成で、日本側予定では祭典は神道式であったが、前日到着したロシア代表団から、神道式祭典を廃してロシア正教による祈祷式を実施してほしいとの要請を受け、大島都督はロシア側の希望通りに式典を変更した。六月一〇日九時三〇分より開始された除幕式には、日本側から陸軍代表者乃木希典大将、海軍代表者滝川具和少将が、ロシア側からはロシア皇帝が派遣した陸軍代表者シベリア第一軍団司令官ゲルングロス陸軍中将、海軍代表者ウラジオストク軍港司令官マセーウィッチ少将、イノケンチー僧正等が参列し、この他、清国の参謀所総弁管雲臣ほか、旅順在留の各国領事も参加した。除幕式および祈祷式・参拝が終了したのは正午で、この後一同は式場付近で昼食をとった。同日、白玉山の日本軍戦死者納骨祠への参拝がおこなわれ、乃木大将一行は式典開始前に参拝、露国代表者の後黒竜江軍管司令官チチヤゴフ中将一行は午後一時三〇分納骨祠を訪れ、神道式祭典に参加し、花環を献じた。

この後、ロシア側は一九一〇年と一九一二年に、日本側勢力範囲内の満州の一六ヶ所で、墓地の整理と戦没者記念碑建設を実施した。日本側が「旅順陣歿露軍将卒之碑」を建設した大連市旅順区の蘇軍烈士陵園（旧ロシア人墓地）にも戦没者記念碑を建設している。日本側の建設した記念碑に満足できない心情があったのであろう（なお、ロシア側は朝鮮でも墓地整理を実施し、一九一三年に終了したが、今回は省略した）。

## おわりに――「敵」の死者の埋葬と追悼から何が見えてくるのか？

最後に本稿を準備する中で気づいたことをいくつか挙げて終わりたい。

まず第一に、葬儀や墓標・記念碑の建立という行為が強い政治性を持っていることを再確認した。日本側は対外宣伝の手段として、日露戦争を模範的文明戦争とする意気込みであったが、それは捕虜の待遇、そして死亡した捕虜の葬儀・埋葬に如実に表れている。日露戦争後、両国は四次にわたり日露協約を締結し、満州・内蒙古で勢力分割をおこない、日露両国の同盟国化が進行した。日本国内と満州・朝鮮の墓地整理と記念碑建設が、日露関係の緊密化とともに進行し、第一次世界大戦直前に終了したことが確認できた。

第二に、日本では近代国家、すなわち日清・日露の戦死者の記憶によって統合される「国民国家」が誕生し、その過程で戦没者追悼の行事と施設が定着した。靖国神社・護国神社、戦勝・凱旋記念碑、表忠塔・忠魂碑などがそれである。しかし、一方で伝統的な追悼様式や未だに国家が捉えきれなかった民衆の心性が残存したことに強い印象を持った。漂流するロシア兵士を敵の死体としてではなく、「エビス」と認識して持ち帰り、戒名を与えて現在まで供養・追悼した漁民たちが少なからずいたこと、異国の軍人の供養塔・墓を守りつづけた日本人が多数いたことを、調査旅行の過程で認識できた。

第三に、地域と海外交流の伝統という問題を考えた。近代国家では外交は国家・外務省が一元的に管理するのが原則である。しかし、東アジアネットワークの中心地であった長崎を訪ね、そこに残る様々な異国の人々の墓地、例えばロシア人、ユダヤ人、清国・中国人の墓を訪ねる中で、明治以降も国家に収斂されない海外交流関係が確かに存在したという実感を持ち、研究の視野が広がった思いがした。
第四に、調査のための旅を重ねるなかで、何よりも非日常の場に身を置くことのできる旅の楽しみを体感できたことが収穫であった。古戦場南山にあるロシア軍人墓地を真夏に訪ねたとき、大陸の乾燥した空気のためだろうか、ヨモギの強く爽やかな香りを嗅ぐことができた。生まれて初めての体験であった。島根半島の高台の共同墓地から見た、夏空と海の強烈な青さは忘れられない。熊本では故国を遠く離れた平和な墓地に眠るポーランド人の心情に思いを馳せた。いずれも忘れ得ぬ思い出である。私にはこれから訪ねてみたい場所がある。ロシア国内の、ウラジオストックの軍人墓地・記念碑とメドヴェージ村にある日本人捕虜の墓である。この旅が実現した暁には、五年前からつづいた拙稿の「旅」が一段落すると思う。

以上が二〇〇八年三月に専修大学人文科学研究所主催の講演会でおこなった私の講演の概要であるが、その後、名城大学の稲葉千晴氏から、ポーランド大使館関係者が日本に現存するポーランド系ロシア軍人の墓標を確認したいとの意向を持っているので調査に協力してほしいとの連絡をもらった。この調査に協力させてほしい旨の返事をしたが、同時に改めて、多民族・多宗教の兵士で構成されている「帝国軍」という視角を私の研究に入れる必要を感じたので、このことについて、以下、第五として若干の追加をしたい。

日露戦争の捕虜が帰国して、収容所が解散された後、松山俘虜収容所の編で『松山収容露国俘虜』（一九〇六年二月）という、四〇〇頁を超える部内資料が編纂された。この資料「第十五章　葬儀」には、死者の葬儀にあたっては、多くはニコライ主教が派遣した鈴木九八司祭が営んだが、ロシア正教以外のカトリック教徒の死者は松山在住のフランス宣教師シャロン神父に、新教徒の死者は米国宣教師ブライアン牧師に託されたとある。また、イスラム教徒の死者はやむなく日本人僧侶が営んだと記されている（同書、三二一頁）。松山収容所の捕虜が、多民族・多宗教、そして多くのエスニック・グループから構成されていたことの証左である。

同様な事例は、すでに本稿でも言及した、大阪泉大津の大津共同墓地内ロシア墓地の記念碑の基部に刻まれた五つの宗教のシンボル——つまりハリストス正教、カトリック、プロテスタント、イスラム教、ユダヤ教のシンボル——から、少なくともここには五つの宗教に属する死者が眠っていることが分かる。この他にも、今に残る墓標

姫路栗林山陸軍墓地内のカトリック兵士の墓標
（北大スラブ研究センター所蔵『姫路俘虜収容所紀念写真帖』より）

泉大津ロシア兵士墓地内ロシア語記念碑の基部（筆者撮影）

で見ると、ヤセウィッチ中尉（ポーランド人のカトリック）の墓標は熊本島崎のカトリック教徒墓地の中にあり、金沢野田山陸軍墓地内にはイスラム教徒兵士の墓標が、仙台陸軍墓地内にはユダヤ教徒兵士の墓標が残っている。これ以外にも、ラマ教徒やシベリアの少数民族が捕虜の中に存在するかも知れない。支配民族である大ロシア民族の間にも支配と被支配の関係があり、これとロシア帝国の多民族支配および民族差別・エスニック・グループ差別が複雑に絡まり合って、ロシア帝国軍が構成されており、その複雑な関係性は今に残る墓地・墓標の中にも見えて

野田山陸軍墓地内のイスラム兵士墓標（筆者撮影）

仙台陸軍墓地内のユダヤ教徒兵士・露国陸軍
ショーマリプキンの墓標側面（筆者撮影）

くるのかも知れない。

一方の日本軍も萌芽的ながら同様の構成を持っていた。日露戦争には、北方の少数民族の中から、カラフトアイヌ山辺安之助、上川アイヌ北風磯吉（金鵄勲章を受ける）らアイヌ民族六三名が動員された。また、沖縄でも本格的な兵士の動員が行われ、二〇〇〇名が出征し、戦死者二〇五名、戦傷者一四九名の被害を出したという（又吉盛清『日露戦争百年―沖縄人と中国の戦場―』同時代社、二〇〇五年）。日露戦争は日本軍の「帝国軍」化の契機でもあった。

私の研究は墓標と記念碑という限られた視角からであるが、帝国主義戦争、そして世界大戦（日露戦争は第〇次世界大戦という見方があることは「はじめに」で紹介した）と、多民族・多エスニック・グループで構成された「帝国軍」の実態に接近できる研究に発展していくかも知れないと考えている。

※　外国語の墓標・記念碑の読み方等については、西川正雄氏（故人）、原暉之氏、樋口映美氏にご教示いただきました。学恩を深く感謝します。

# 5

# 自然に出会う旅

## 『ビーグル号航海記』に学ぶ風景発見の喜び

高岡貞夫

## 風景との出会い

古来より人間は自然から多くのことを学んできた。かつては衣食住や生業が自然と直接的にかかわっており、日々の創造力の源は自然との交流の中にあった。自然の多様性や自然とのつながり方の多様性が文化の発展や文化の多様性を育んできたといえるだろう。しかし現代の都市住民、特に新しく開発された住宅団地に住む人々が自然に触れる機会は極めて限定的である。実際、自分が東京郊外のニュータウンに住んでみると、街がきちんと整備されすぎていて、あたりを散歩しても土が見えるところはほとんどなく、目に見える植物は植栽された造園用植物ばかりであることに気づく。かつてのような自然との密接なかかわりを取り戻すことは難しいが、時には野生の自然と対話する機会を持つことも大切である。そのためには、旅に出るのがよい。

大学一年の春休みに、中国地方へ旅に出た。宿も取らず、夜行電車や駅舎で寝る貧乏な旅であったが、初めてのひとり旅であったためか、その時の印象や光景は生涯忘れられないものとなっている。当時の私は地学的な関心が強く、高校や大学で学び始めた地学現象を自分の目で確かめるべく、その旅を計画した。テラ・インコグニタといってはだいぶ大げさであるが、修学旅行の京都より西には行ったことがなかった自分には、期待いっぱいの旅であった。

ところが、鳥取砂丘や秋芳洞といった、出発前に自然地理学の専門書や旅行ガイドを丹念に読んでいた場所は、いずれも、感激が今ひとつであった。風紋を作る砂の動き、石柱を成長させている水滴が落下する様子など、生の自然を観察できた喜びはあったものの、出発前に見慣れていた写真と変わらない風景を前に、ああ確かに同じものを見たという、安堵感に似た気持ちを味わった。

一方、同じ旅の中で日御碕を訪れた時の感激は大きかった。電車の乗り継ぎ時間に余裕があることに気づき急遽立ち寄ることにした場所であったが、そこで見た、溶岩が冷えて固まる過程に作られた柱状節理には、目に突き刺さってくるような迫力があり、ダイナミックな地球の動きの一端に触れた思いがした。また、日御碕周辺にはウミネコが舞う、ゆったりとした春の海が横たわっており、地学的興味とは別の、風景の心地よさを味わうことができた（写真1）。日御碕で柱状節理が見られるということは知っていたが、訪問する予定がなかったので、事前に詳しいガイドや写真を見て

〔写真１〕　日御碕、経島に舞う海鳥

いなかった。そのことが、風景との出会いを最高のものにしてくれたのであろう。人と人との出会いと同じように、風景との出会いにも出会い方というものがあることを知った旅であった。

本稿では、風景との出会い、特に自然風景との出会いに焦点を当て、近代の探検家の旅のかたちにも触れながら、どのような旅をすることが、風景を堪能し、また風景から学ぶことにつながるのかを考えていく。

## なぜ自然の旅に出るのか

現代、人はさまざまな目的で旅に出るが、自然風景の鑑賞はその動機の大きな部分を

〔表１〕　国内旅行先での主な行動

(%)

| | 1999年 | 2003年 |
|---|---|---|
| 美しい自然・風景(山、川、滝、海、自然公園等)を見る | 63.4 | 61.1 |
| 温泉での休養 | 53.4 | 54.5 |
| 旅行先の土地の郷土色豊かな料理等を食べる | 34.0 | 36.0 |
| 史跡・文化財・博物館・美術館などを巡り鑑賞する | 29.9 | 31.9 |
| 一緒に行った人達とにぎやかに過ごす | 27.9 | 25.5 |
| 家族と一緒に遊ぶ | 26.2 | 24.3 |
| 旅行先の土地の郷土色豊かな名産品・特産品等の買物をする | 20.5 | 19.7 |
| 神社・仏閣等の参詣 | 17.9 | 19.0 |
| 車でドライブする | 22.6 | 18.8 |
| 遊園地・テーマパーク等で遊ぶ | 14.0 | 15.9 |
| のんびりとくつろぐ | 17.8 | 15.5 |
| スポーツ、レクリエーション活動（スキー、テニス、ゴルフ等）をする | 13.0 | 12.2 |
| その地で行われる「祭り」などのイベントを見る | 5.4 | 6.8 |
| 都市での観光・体験（生活体験） | 7.0 | 4.5 |
| 体験型レクリエーション（陶器作成、和紙造り、自然体験等）をする | 3.6 | 4.1 |
| その他 | 1.1 | 0.8 |

※内閣府『自由時間と観光に関する世論調査』による。1999年は1261人、2003年は1142人による回答に基づく。

占める。『自由時間と観光に関する世論調査』によれば、国内旅行の目的の第一位は、美しい自然や風景を見ることである（表1）。

なぜ人は自然を求めて旅に出るのであろうか。それは、山や森、海といった場所が、緊張の解消や情緒的解放をもたらしてくれるし、きれいな風景や緑が気分転換や精神的ストレスの解消に役立つことがあるからであるという。風景が人間に与えるこのような生理的・心理的な効果は経験的にはよく知られているが、実際に実験を行うと確かにそのような効果が測定される。例えば樹木に覆われた山と急峻な岩山を被験者に野外で鑑賞させて比較実験を行った例では、感情や脳波の発生に違いが認められた。急峻な岩山をみた場合、危険を感じて緊張するものの、樹木に覆われた山よりも岩山のほうが快くて好きだと感じるなど、対象となる自然と個人の感情や評価の間の関係は単純ではない。またこの実験によると、生理的反応には男女間でも違いがみられ、男性が山岳景観を分析的にとらえるのに対し、女性は感情的にとらえる傾向があるらしい。

では具体的に、どのような風景が好まれるのであろうか。全国の八つの国立・国定公園で撮影された三一枚の風景写真の比較から眺望景観の認識特性を調べた研究によ

〔写真２〕 上高地河童橋からの岳沢と穂高岳の眺め

ると、風景を構成する要素が複雑で多様であること、遠景に山並が見え近景が開けていること、シンボル的要素や水の流れがあることなどが、好ましい風景として評価されるポイントとなっている。また、風景のイメージ形成には、風景の好ましさだけでなく、風景の持つ動きや力やスケール観が重要であるという。山、水、空、森などたくさんの要素があり、稜線や河岸・湖岸線が複雑であると、風景に美しさや面白みが感じられる。また、水が流れていたり水面にしぶきが上がっていると、見ていて飽きない興味深い風景となる。視界を遮るものがなく、遠くの山や明るい空が見える広々とした風景は、落ち着きや開放感を感じさせる。中部山岳国立公園の上高地（写真2）は、このような特徴を満たした風景が楽しめる代表的な観光地の一つである。

## 「美しい」自然風景

しかし、人がどんな風景を心地よく感じるのか、どんな風景を美しいと感じるのかは、人の風景認識を左右する社会的・文化的な背景を無視できない。山や川や湖といった自然物の網膜への投影のされ方は同じでも、それが脳や心にどのように映ずるのかは、地域や時代や人々によっていつも同じであるとは限らない。

日本人の風景観は近代になって大きく変化したと言われる。日本三景や近江八景に代表されるような、中国の影響を受けた風景への親しみ方に代わって、ヨーロッパの風景観が明治期に日本にもたらされ、広まっていった。この近代の風景観の形成に大きな影響を与えたものの一つが、志賀重昂の『日本風景論』（一八九四年）である。志賀は伝統的な花鳥風月からなる文化的風景への関心だけでは風景論は成り立たないとし、自然科学の視点から風景の再解釈を試みた。志賀は「気候と海流の多変・多様」、

「水蒸気多量」、「火山岩多々」、「浸蝕激烈」などの特徴に着目しながら、日本の雄大な山岳風景の魅力を説いた。明治政府による国民国家形成の運動や外貨獲得をにらんだ景勝地創設の動きとも連動して新しい風景観は浸透し、山岳会（日本山岳会の前身）の創立（一九〇五年）、日本新八景の選定（一九二七年）、国立公園の指定（一九三四年）につながっていく。

しかし、この日本に影響をもたらしたヨーロッパの近代的風景観も、昔からヨーロッパにあったわけでなく、時代とともに変化を遂げてきたものである。ヨーロッパで、かつては悪魔の住む恐怖の地であった山岳が美しい風景としてとらえられるようになったのは、一八世紀になってからのことだという。そして、この風景観の転換の背景には自然科学の発達があったことが指摘されている。科学者による地形、地質、植生、大気現象などの客観的観察によって、未知の自然に対する恐怖の念が融解し、ロマン主義の文学や絵画と結びついて、美しい山岳の風景が誕生した。

## 近代の探検家の旅

このような近代的風景観の発展に寄与した思想家や画家に少なからず影響を与えた博物学者・地理学者に、アレクサンダー・フォン・フンボルトやチャールズ・ダーウィンがいた。フンボルトは一七九九～一八〇四年に中南米の熱帯地域を探検し、ダーウィンは一八三一～一八三六年にビーグル号で世界を一周している（図1）。

一八世紀から一九世紀にかけて世界を旅したこの二人には、自然の観察の仕方において共通点がある。自然を構成する個々の事物に対する科学的な観察にとどまらず、それらを総合した自然の全体像、すなわち風景としての自然を理解しようとした点である。フンボルトは自然を観察し記述する方法を「相貌学」とよび、植物や動物、岩石、土壌、気候などから構成される自然の相貌が、地域ごとに異なる美しさを持つことをとらえた。

ダーウィンはビーグル号による航海に出る前にフンボルトの学術探検記を読んでいる。ダーウィンは地球上のさまざまな物的世界の構造の発見者、科学的法則の発見者

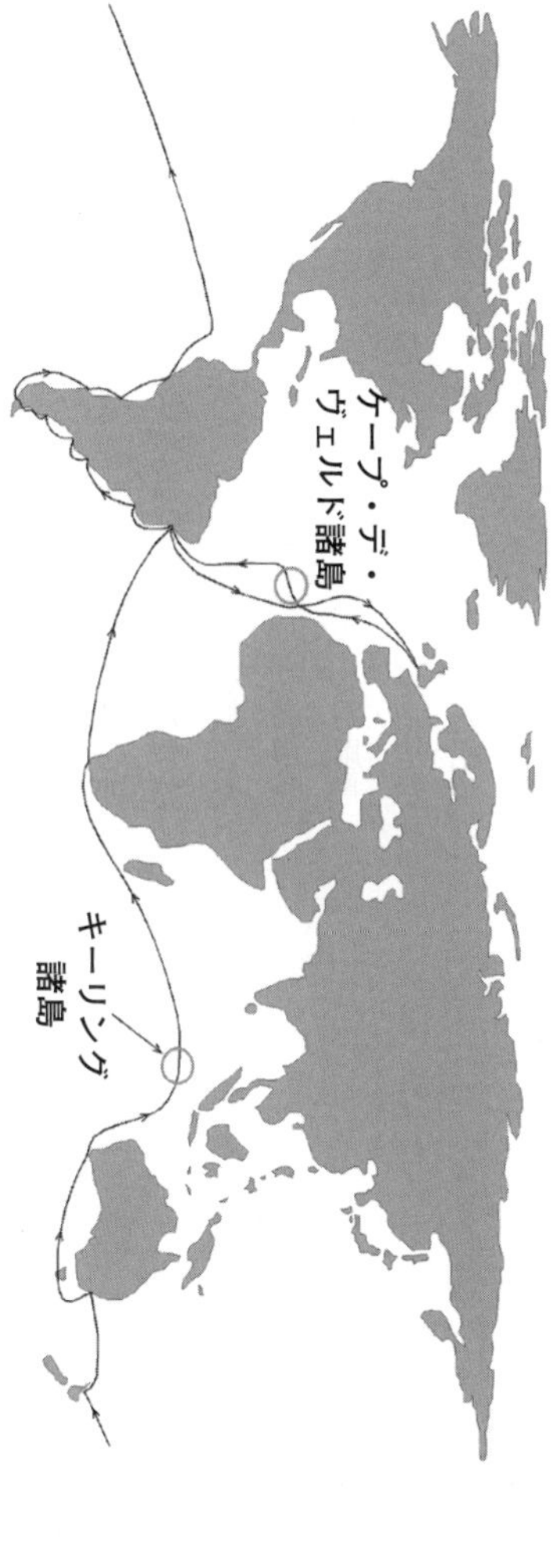


〔図１〕ビーグル号の航路
『ビーグル号航海記　上』を参考に、およその航路を描いている

としてはよく知られているが、そればかりでなく、フンボルトの自然観得の方法に影響を受けたダーウィンは、自然を美しい風景としてとらえる、風景の発見者でもあった。個別専門領域を越えた複眼的な自然観察が行われたダーウィンの航海は、珍しい動物や植物を記録する博物学的自然発見の旅であったと同時に、美しい風景の一大発見の旅でもあった。

近代の科学者や探検家が、科学的観察を通じて自然風景の美しさを観得する旅のようすを、ダーウィンの航海記から見てみよう。

## ダーウィンの自然観察

進化論の学問的・社会的影響の大きさからか、博物学者ダーウィンは生物学者としての側面が強調されて紹介されることが多い。例えば二〇〇八年に国立科学博物館で行われたダーウィン展でも、ポスターには熱帯の動植物の写真が配され、展示物も生物学的な観察や考察にまつわるものが大部分であった。

しかし、ダーウィンはビーグル号の航海を続けるなかで、動物や植物への関心と同じかそれ以上に、岩石や地質、大気など、生物以外の自然物への関心を強くもち、詳細な観察と深い考察を行っている。そして、それらの自然物が作り出す風景全体の謎を解くような観察が展開された。

ケープ・デ・ヴェルド諸島（ヴェルデ岬諸島）の海上から、ポート・プラヤ付近の溶岩からなる平原を眺めた時の記述は次のとおりである。

古い時代の火山の噴火と熱帯の焦熱とのために、地面は大部分植物の生育には適していない。台地が次ぎ次ぎに階段のようにせり上がっていて、頭を切り取った円錐形の丘がその間に点在し、地平線は極めて高い山々の不規則な連鎖で区切られていた。霞の多いこの風土の大気をとおして眺めた光景は、もっとも興味の深いものの一つであった。航海のあとで上陸したとたんに、生まれて初めてココア　ナットの並木路を歩いたとしたら、人はまことに自分の幸福ということしか考えられないであろう。この島は一般の人には興味が極めて少ないかもしれないが、しかしイギリスの風景にばかり慣れた人には、この全く不毛な物珍しい光景は、何かしら壮大なものがあって、もし樹木が茂っていたなら、かえってその壮大なことが減殺され

たかもしれない。（島地威雄訳『ビーグル号航海記　上』〔岩波書店　以下同〕二〇頁）

見た目はほとんど生物のいない荒涼とした世界であったのに、ダーウィンは深く感動している。この場合、緑が豊かであっては、かえってよくないのだとさえ言う。このような「全く不毛な」自然への関心は、単に見慣れぬ珍しい風景に出会ったことへの感嘆で終わるのでなく、何がどう珍しいのかを探求することによって、より深く自然を理解しようとする試みにつながっていくことがしばしばである。例えば、同じ洋上からの観察に、次のような記述がある。

ある朝、景色は不思議なほど透明であった。遠方の山々は、濃青色の雲の密集した堆積の上に、極めて鋭い輪郭をして浮き上がっていた。その有様をイギリスで見た同様の状態から判断して、空気中に湿気が飽和していると思った。ところが事実は全く反対であることがわかった。湿度計は空気の温度と露点との間に、二九・六度の差を示していた。この差は、その前の朝ごとに観測したところとは、ほとんど二倍ほどのものである。この異常な大気の乾燥状態には、絶え間ない電光をともなっていた。こんな天候に、こんな透明な空気をともなうことは珍しいことではないか。（島地威雄訳『ビーグル号航海記　上』二四頁）

ダーウィンは、積乱雲が発達するようすから湿度が高い状態を想像したが、もしそうであるならば、大気中の水蒸気が凝結して微小な水滴となり、視程が悪くなるはずである。ところが不思議なことに、空気は澄みわたって遠景までくっきりと見え、まるで乾燥状態にあるかのような景色を呈していた。ここでダーウィンは湿度計を取り出して観測を行い、前日までのデータと比較しながら、異常なまでに空気が乾燥していることを確認した。このような観測で得られる情報は限られたものであるが、科学的知識と組み合わせて、温帯では出会うことのなかった熱帯特有の大気現象に分析を加え、風景を解釈しようとしている。

このように、ダーウィンの風景の発見は、彼がその土地にとって外部者であるがゆえになされたという側面がある。生まれ育ったイギリスで見慣れていたものとは異なる自然であるために、それが新鮮に感じられ、関心が向けられた。しかし重要なのは、珍しさや不思議さを感じるのが直感によるものばかりでなく、科学の目によって感じられている点である。注意を向けるきっかけは直感であるにしても、それに続いて科学の目で観察や分析がなされ、その上で改めて風景が放つ魅力を堪能している。そして、この科学の目による洞察をもってすれば、さして珍しくもない風景さえ、壮大な風景として発見される。キーリング諸島（ココス諸島）を訪れた時の記述は、そのことを端的に表している。

まずビーグル号がキーリング諸島のラグーンに入った時の光景は、サンゴ礁の形成されない温帯に育ったダーウィンにとって、まことに珍しくまた美しいものであった。緑色のラグーン、白色の雲、瑠璃色の空など、目に映る世界の色彩の輝かしさにダーウィンは感激している。しかし、サンゴ礁の観察や海底地形の計測を進めていくうちに、そういった視覚的な美しさに対する驚きとはまた別の驚きにダーウィンは興奮することになる。

朝、われわれはフランス島 Isle of France へ赴く途中、礁湖の外に出た。私はこの島々を訪ねたことをよろこんだ。こうした地質構成はこの世界の驚異とすべきもののうちで、確かに上位にあるべきものである。艦長フィッツ・ロイは海岸から僅かに二、二〇〇ヤードの距離で、七、二〇〇フィートの測索では海底に達しないことを知った。従って、この島は高く聳えた海底の山であって、その山腹は最も屹立した火山の円錐形よりも更に急峻である。この皿状の頂上はほとんど一〇マイルの直径がある。それは多くの他の礁湖に比すれば小であるが、それでも、この大きな堆積のうちの最も大きな岩石の砕片から、最小の細粒にいたるまで、あらゆる原子が生物の仕事によった跡をとどめている。われわれは旅行者がピラミッド及びその他の大きな廃趾の巨大な容量をわれわれに告げる時に驚きを感ずる。しかしこれらの最も大きなものも、種々の小さな軟かな動物の作因によって集積されたこの石の山に比べれば、いかにまったく無意味のものであるのか。これは一見したところでは肉体の眼を驚かすものではないが、考慮した後の理性の眼による驚異である。（島地威雄訳『ビーグル号航海記　下』一四五頁）

白い砂が覆う海抜一〇メートルに満たない平らな島と礁湖は、それ自体、驚きの対象となる風景ではない。しかし測深を行った結果をもとに考えると、この島は巨大な

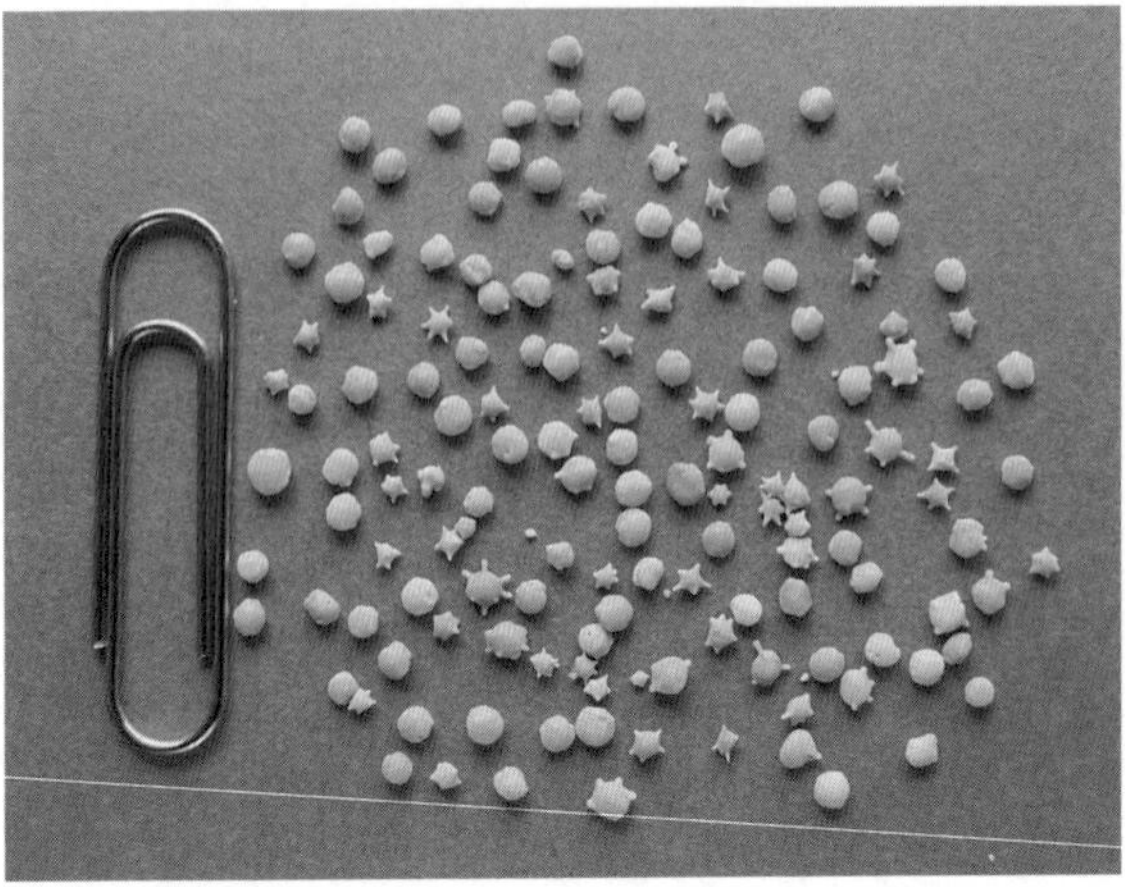

〔写真3〕 波照間島の浜に打ち寄せられた有孔虫の殻

海山の山頂部が海面すれすれに頭を出したものであり、山腹の傾斜が四五度を超える想像を絶する急斜面になっていることがわかる。しかも、その巨大な山体はサンゴ礁で出来ているのである。

サンゴ礁は、イソギンチャクと同じ刺胞動物であるサンゴによって作られる地形である。サンゴのポリプの一つ一つは数ミリメートルから数センチメートルの大きさであるが、数百～数万の個体が群体をなし、それらが作った石灰質の骨格がサンゴ礁を構成する。海底から白くそびえる海山は、氷河時代以降の海面上昇とともにサンゴ礁が上へ上へと成長してできたものであり、そこには、サンゴの骨格の他にも、貝殻や甲殻類の殻、大きさが一ミリメートル程度かそれより小さい有孔虫が作る石灰質の殻（写真3）など、無数の生物の遺骸が含まれている。熱帯の海に浮かぶ小島は、それが数千年以上の時間をかけて小さな生物が作り上げてきた絶壁の海山の一部だと想像できた瞬間に、驚きの対象へと変わる。

## 旅での驚きや違和感

ダーウィンの航海のように心躍る風景との出会い（＝風景の発見）がいくつもあれば、旅はどんなに楽しいであろうか。しかし、このような風景の発見の機会は、探検家や大科学者だけに訪れるものではもちろんない。また、訪ねる地が壮大な原生的自然のある場所である必要もない。旅に出れば誰でも、驚きや不思議さを感じる風景や、説明のつかない違和感を抱かせる風景に出会い、そのことがまた、日常の身近な風景を再発見する契機となる。それは、異国に赴けばなおさらのことで、ちょっとした風景の一つ一つに驚きや違和感を覚え、それと同時に、見慣れてきたはずの日本の風景をそれまでとは違った角度から見直すようにもなる。

以前、アメリカのオレゴン州を訪れた時のことである。まだ三月末だというのに、低い山々が既に新緑に萌えているのを見て不思議に感じた。北海道とほぼ同じ緯度にある冷涼なオレゴンで、山は既に新緑の淡い緑に覆われているのだ。しかし、森に近づいてみてさらに驚いたのは、新緑に見えた淡い緑が、実は落葉樹の枝に付着した大量のコケによるものであったことである。これは、晩秋から翌春まで毎日のように雨が降り続くこの地域の気候を反映したもので、その後オレゴンで一年間過ごす中で、納得のいく風景へと変わっていった。同時に、オレゴンのコケをいっぱいつけた木々を眺めながら、自分が生まれ育った東京の冬は、植物にとってどれほど過ごしにくい季節であることかと思った。雨の少ない東京の冬は放射冷却によって気温は下がり、空気は非常に乾燥する。木々は休眠し、雑木林は一部の常緑の植物を除けば、枯れ葉、枯れ草、枯れ木からなるモノクロの世界となる。

また、アフリカのケニア山に登った時のこと。森林限界を超えて広々とした風景を目にしながら高山帯を歩きはじめると、どうもしっくりとこない感じにとらわれた。ジャイアント・セネシオやジャイアント・ロベリアなど、人の背丈を越えるような大型の植物があちらこちらに生えているのだ。これは日本の高山帯を歩き慣れている人にとっては、違和感を覚える風景である。日本の高山には、風衝に耐える小型の高山植物や雪圧によって根元が湾曲して地を這うように幹を伸ばす低木が生えているものだが、ケニア山では大型の植物が葉を大きく広げ、実にのびのびと生育している（写真4）。赤道直下の熱帯高山に森林が成立しない理由は、日本の場合と全く違うのだ。ちょっとした地表の凹凸に対応して風衝や残雪の影響が異なり、狭い範囲に多様な高山植生がモザイクをなす日本の高山の風景が、あらためて貴重なものに感じられてくる（写真5）。

一方、冒頭で触れた中国地方への旅のように、日常を離れて初めての土地に立ってみても、風景発見の収穫に乏しいこともある。旅に出さえすればよいのではなく、どんな旅をするかが重要であるようだ。

## 観光旅行と自然との出会い

現代の旅行においては、さまざまな情報によって旅先の風景のイメージがあらかじめ与えられていることが多い。人が旅に求めるのは、旅行会社のパンフレットやテレ

〔写真４〕 ケニア山の高山帯に生育する大型植物ジャイアント・セネシオ

〔写真５〕 木曽駒ケ岳の高山帯の景観

ビで見るような絵葉書的映像であり、旅に出る前に既に見ているイメージを現地で確認することによって、そこに確かに来たという満足感を得るのだという。この傾向は、旅程が規格化しているマスツーリズムにおいて顕著であるが、このような旅が一概に悪いとはいえない。感動の度合いが減ぜられがちな、イメージ確認の旅とはいえ、それでもなお、先に述べたような緊張の解消や情緒的解放といった効果があるのは事実だからである。

しかしそのような旅において、自分の想像を超えた自然風景への出会いが起こることは、あまり期待できない。最近はウェッブ上に観光地の写真が溢れているし、数値標高モデルと地表の画像を組み合わせたシステムを用いれば、各人が好みのコースで観光対象地を移動し、好みの高さや角度から対象物を眺める疑似体験をすることさえ可能である。このように現地に行く前に得られる視覚的情報はますます豊富になっているが、風景発見の喜びを味わうことなく、ステレオタイプな風景観の再生産に終わるなら、旅の魅力は半減するのではないだろうか。何らかのイメージの再編成があってこそ、わざわざ現地に足を運んだ甲斐があるといえよう。

前述の上高地は、毎年一〇〇万人以上が訪れる観光地であり、多くの団体観光客が

〔写真６〕　春の河童橋

やってくる。河童橋から眺める岳沢と穂高の山々の眺めは実に爽快、壮大で、美しい風景である。旅行会社のパンフレットには必ずといってよいほどに河童橋付近から臨む岳沢と穂高の写真が使用され、「神秘の大自然」や「絵画のような絶景」といった言葉が添えられる（写真６）。

　バスターミナルから河童橋まで歩いて一〇分とかからない。整備された道はサンダルでもハイヒールでも歩けるので、多くの観光客は河童橋までは行き、岳沢と穂高をバックに記念写真を撮って帰っていく。夏の観光客の行動について行われた調査結果によると、上高地に来る観光客の滞在時間は短く、団体客の約半数は四時間未満であった。滞在中に、食事をしたり土産物を買うことができるバスターミナル付近で過ごす時間も長いので、自然を探索している時間はさらに短くなる。そのような短時間滞在者は、河童橋の周辺のみを歩くか、大正池から河童橋までというお決まりのコースを巡るだけで、河童橋より上流へと足を延ばす者は非常に少ない。このような、展望地や整備されたコースのみを訪れるような旅が、イメージ確認の旅となる傾向を助長している。

現代の旅に関するもう一つの問題は、自然風景を前にして、もっぱらその視覚的な美しさや壮大さの鑑賞が中心で、ダーウィンのいう「理性の眼による驚異」を味わう機会がほとんどないことである。眼前の自然風景について解説する案内板が一つあるだけでもだいぶ違うと思うのだが、日本の国立公園等の展望地にそのような案内板が設置されていることはまれである。展望地の名称や展望の対象となる山々の名称を記した案内板はよく見かけるのに、展望される風景の成り立ちや特性を科学的に説明する案内がないのである。

上高地の河童橋でも、岳沢における氷河による侵食やその後の崖錐の発達など氷期以降の地形発達史と関連づけて、様々な地形や植生のモザイクからなる風景のつくりに関する解説に触れる機会があれば、この風景の別のすばらしさに気付き、味わうことになろう。そのような解説の役割を果たすはずのビジターセンターが、河童橋からさらに数分歩いた先に建っているが、そこを訪れる人は必ずしも多くない。

少しでも理性の目、科学の目を働かせ、また展望対象だけに目を向けることをやめるならば、すぐさま上高地の別の顔が見えてくる。まず河童橋のまわりは、河岸が蛇篭で護岸されており、これほど都会から遠く離れた山の中に来ているにもかかわらず、ふだん家のまわりで見慣れた川のようすと変わらないことに気付く。河童橋から梓川沿いに上流に向かって歩を進めれば、さらなる護岸が続く上に、河原の地形が重機で改変された跡が観察されることもある。明神や横尾まで行けば、梓川最上流部には場違いとさえ思える立派な橋がかかっているし、支流には砂防堰堤が目に付く。「神秘の大自然」を期待してきた者には、それが幻想であることに、いやがおうでも気付かされる。

## 自然と対話する旅

冒頭で触れたように、現代は自然との密接なかかわりを失いつつあり、自然との対話の中で教えられたり考えさせられたりする機会が少ない。そのような時代であるからこそ、せめて自然を求めて旅に出る時くらいは、既存のイメージの焼き直しばかりをするのではなく、旅する者のイメージ再編につながる旅をしたいものである。上述の、短い滞在時間、整備された展望地の周遊、視覚的側面に偏った風景鑑賞に特徴付けられる旅に代わるものとして、エコツーリズムやジオツーリズムなどの新しい形態の旅はどれほど期待できるものなのであろうか。

エコツーリズムと呼ばれる旅にもさまざまなものが含まれるが、展望地の周遊だけの旅に終わらない点は共通した特徴として挙げられる。そして、インタープリターの案内による生物学や地学などの科学的観察の要素が含まれているのが普通である。そのような科学的観察が、動物、植物、岩石等の個別的観察にとどまることなく、それらの間のつながりや空間配置の特徴の観察を通じて風景の由来や成り立ちの理解につながるような、自然との対話でありたい。ダーウィンを気取って、風景の美しさや不思議さの謎を解くような考察を野外で楽しみたいものである。

さらに、外部者として風景を眺めるだけでなく、可能なら内部者との交流を通じて、内部者の目に映る風景にも触れるような機会が持てるとよい。同じ場所に立っても、旅にある者とそこに暮らす者とでは、見ている風景の内容が異なるに違いない。互いの風景観や自然観の交流が、双方にとって新たな風景の発見につながるであろう。

地理学を少し勉強してみると、自然風景のつくりを土台から規定するような自然現象は、たいていは数百万年~数万年くらい遡って考えるとよいことがわかる。その上にプリントされた地表の凹凸や植生の違いが作り出す風景の模様は、数千年から数十年くらいの時間をかけて作られていることが多いし、残雪や水の流れや風雲の動きなど大気現象に関わることは数年から数秒くらいの短い時間の間に現れたり消えたりといった変化を続ける。また、原生自然と思われる風景の中にも、数百年前から、時には数千年前からの人間の資源利用の跡が刻まれていることもある。歴史的に成り立っている自然風景の生成過程のアニメーションを頭の中で再生しながら、今後も未来に向かって変化し続けていく風景が想像できてくる。そういった変化の中にある、生きた風景の今の一瞬間を自分がとらえていることを意識した時、風景はまた格別の思いで目に映ることになる。

## 東京の自然に出会う旅

そのようにして、自然風景の楽しみ方のコツをつかむと、風景の発見は、観光地に行かずとも、ふだん見慣れた風景の中でも可能になる。ビルが立ち並び、コンクリートとアスファルトに覆われて、どこにも自然の風景がないように見える東京でも、少しだけ科学の目をとりいれて眺めてみると、新しい風景が見えてくる。

例えば貝塚爽平による『東京の自然史』には、東京の地形・地質の成り立ちがよく書かれているが、このような見方で、専修大学神田校舎のあたりを見渡してみると、にわかに、いろいろなことが気になりだす。なぜ靖国神社へ向かうには九段坂を上らなければならないのか（写真7）。まっすぐ延びる靖国通りが、なぜ小川町付近で屈曲するのか。これらの疑問は、過去数万年の気候変化や海面の高さの変化を考えると理解できる。

〔写真7〕　靖国神社方面に向かって九段坂を上る靖国通り

氷河時代であったおよそ二万年前までは、靖国神社のある台地の横に神田川が谷を刻んでいた。現在の神田川はJR中央線の北側を流れるが、そうなったのは江戸時代に流路が付け替えられた後のことである。一万年くらい前から温暖化がはじまり、それとともに海面が上昇したために、昔の神田川の谷は水没して神保町あたりは入江となった。神田校舎は過去約六、〇〇〇年間に入江に土砂が堆積した場所に建っている。靖国神社のある台地や駿河台は水没をまぬがれ、小川町あたりはJR御茶ノ水駅方面から南に突き出した岬となっていた。その後、海面は数メートル下がって、現在の高さになったが、靖国通りは、当時の岬の高まりを迂回するように通っている。

こんなふうに、九段坂の原型となる斜面を神田川が掘っていたころや、神保町に波が打ち寄せていたころを想像しながら神田校舎界隈を歩くのも、ロマンに満ちた自然に出会う旅となる。

## ■参考文献

荒山正彦「風景地の創出に関するノート：国立公園制度の成立を事例として」『待兼山論叢　日本学篇』第二九巻、一～一五頁、（一九九五年）
岩田修二「ジオパークでの情報発信」『地理』第五三巻、三二～三八頁（二〇〇八年）
内田芳明『風景の発見』（朝日新聞社、二〇〇一年）
貝塚爽平『東京の自然史（増補第二版）』（紀伊国屋書店、一九八八年）
鬼頭秀一『自然保護を問いなおす』（筑摩書房、一九九六年）
島津弘「観光客の行動からみた自然公園利用の現状と問題点：中部山岳国立公園、上高地を例として」『立正大学人文科学研究所年報』第三六巻、二九～四五頁（一九九九年）

清水正之「近代日本における『風景』の創出」、安彦一恵・佐藤康邦編『風景の哲学』一二五～一四六頁（ナカニシヤ出版、二〇〇二年）
ジョン・アーリ著、加太宏邦訳『観光のまなざし―現代社会におけるレジャーと旅行』（法政大学出版局、一九九五年）
多田充・金恩一・藤井英二郎「谷川岳周辺における山岳景観の生理・心理的効果に関する基礎的研究」『ランドスケープ研究』第五八巻、二〇九～二一二頁、一九九五年
チャールズ・ダーウィン著、島地威雄訳『ビーグル号航海記　上』（岩波書店、一九五九年）
チャールズ・ダーウィン著、島地威雄訳『ビーグル号航海記　中』（岩波書店、一九六〇年）
チャールズ・ダーウィン著、島地威雄訳『ビーグル号航海記　下』（岩波書店、一九六一年）
内閣府大臣官房政府広報室『自由時間と観光に関する世論調査』（内閣府大臣官房政府広報室、二〇〇三年）
西田正憲「新たな風景視点〈生物多様性〉」『環境研究』第一四八号、一〇四～一一二頁（二〇〇八年）
橋本俊哉「自然志向ツーリズム」、小口孝司編『観光の社会心理学』（北大路書房、二〇〇六年）
古谷勝則・裵重南・油井正昭・石井弘・児島隆政・沼本健司「自然景観地における眺望景観の認識特性に関する研究」『造園雑誌』第五七巻、二八三～二八八頁（一九九四年）

大谷　正（おおたに ただし）　1950年　鳥取県生まれ

大阪大学大学院文学研究科博士後期課程修了　博士（文学）　現在専修大学法学部教授

**［専門］**　日本近代史　メディア史　**［学会・社会活動］**　東アジア近代史学会事務局長

**［著書・論文］**『兵士と軍夫の日清戦争』（有志舎，2006年）『近代日本の対外宣伝』（研文出版，1994年）『日清戦争の社会史』（共編，フォーラムA，1994年）

高岡貞夫（たかおか さだお）　1964年　東京都生まれ

東京都立大学大学院理学研究科博士課程単位取得退学　博士（理学）　現在専修大学文学部教授

**［専門］**　自然地理学　**［学会・社会活動］**　日本地理学会　日本生態学会

**［著書・論文］**『植生環境学－植物の生育環境の謎を解く－』（古今書院，2001年）『景観の分析と保護のための地生態学入門』（古今書院，2002年）いずれも共著　など

## 執筆者紹介（掲載順）

---

**内藤雅雄**（ないとう まさお） 1940年 福井県生まれ

東京大学大学院人文科学研究科修士課程修了 文学修士 現在専修大学文学部教授
**［専門］** 南アジア近現代史 **［学会活動］** 日本南アジア学会 歴史学研究会
**［著書・論文］**『ガンディーをめぐる青年群像』（三省堂，1987年） 編著『カースト制度と不可触民―解放の思想と運動』（明石書店，1994年） 共編著『現代インドの展望』（岩波書店，1998年） 共編著『移民から市民へ―世界のインド系コミュニティ』（東京大学出版会，2000年） 共編著『南アジアの歴史』（有斐閣，2006年）

---

**青木美智男**（あおき みちお） 1936年 福島県生まれ

東北大学大学院文学研究科修士課程修了 元専修大学文学部教授 現在専修大学130年史編集主幹
**［専門］** 歴史学 日本近世文化史 **［学会・社会活動］** 歴史学研究会 愛知県史編さん専門委員近世部会長
**［著書］**『一茶の時代』（校倉書房，1988年）『深読み浮世風呂』（小学館，2003年）『近世非領国地域の民衆運動と郡中議定』（ゆまに書房，2004年）

---

**永江雅和**（ながえ まさかず） 1970年 福岡県生まれ

一橋大学経済学研究科後期博士課程単位取得退学 現在専修大学経済学部教授
**［専門］** 日本経済史 **［学会・社会活動］** 政治経済学・経済史学会研究委員 千葉県史調査研究委員など
**［著書・論文］** 橘川武郎・粕谷誠編『日本不動産業史』（名古屋大学出版会，2007年，第５章第１節，第２節） 西田美昭・加瀬和俊編『高度経済成長期の農業問題』（日本経済評論社，2000年）「向ヶ丘遊園の経営史―電鉄会社付帯事業としての遊園地業」（専修大学社会科学研究所『社会科学年報』 2008年）

---

SI Libretto —— 001

人は何を旅してきたか

2009年4月1日　第1版第1刷発行

編　者　　専修大学人文科学研究所
発行者　　渡辺　政春
発行所　　専修大学出版局
〒101-0051 東京都千代田区神田神保町3－8
㈱専大センチュリー内
電話 03（3263）4230㈹
装　丁　　本田　進
印刷・製本　株式会社加藤文明社



ISBN978-4-88125-214-7

## 創刊の辞

専修大学創立一三〇年を記念して、ここに「SI　Libretto（エスアイ・リブレット）」を刊行いたします。専修大学の前身である「専修学校」は、明治一三年（一八八〇年）に創立されました。文京区木挽町にあった明治会堂の別館においてその呱々の声をあげ、その後、現在の千代田区神田神保町に本拠地を移して、一三〇年の間途絶えることなく、私学の高等教育機関として、社会に有為な人材を輩出してまいりました。明治維新前後の動乱の中を生き抜いた創立者たちは、米国に留学し、帰国して直ちに「専修学校」を立ち上げましたが、その目的は、日本語によって法律学および経済学を教授することを突破口として、市民レベルから社会の骨格を支える有為な人材を育成することにありました。創立者たちのこの熱き思いを二一世紀に花開かせるために、専修大学は、二一世紀ビジョンとして「社会知性（Socio-Intelligence）の開発」を掲げました。

大学の教育力・研究力をもとにした社会への「知の発信」を積極的に行うことは、本学の二一世紀ビジョンを実現する上で重要なことであります。そこで、社会知性の開発の一端を担う本を刊行することとし、その名称としては、Socio-Intelligence の頭文字を取り、かつ内容を分かり易く解き明かした手軽な小冊子という意味を込めて、「SI　Libretto」（エスアイ・リブレット）の名を冠することにいたしました。「SI　Libretto」が学生及び卒業生に愛読されるだけでなく、専修大学の枠組みを越えて多くの人々に広く読み継がれるものに発展して行くことを願っております。本リブレットが来るべき知識基盤社会の到来に寄与することを念じ、刊行の辞といたします。

平成二一年（二〇〇九年）四月

第一五代学長　日高　義博